Jens Kegel

Erfolgreich das Gehirn nutzen

Jens Kegel

Erfolgreich das Gehirn nutzen

Kompaktes Wissen für den Alltag

1. Auflage 2013, Herstellung und Verlag: BoD – Books on Demand, Norderstedt

ISBN 978-3-732292066

© Dr. Jens Kegel, Berlin. Das Werk einschließlich aller seiner Teile ist urheberrechtlich geschützt. Jede Verwertung außerhalb der engen Grenzen des Urheberrechtsgesetzes ist ohne Zustimmung des Autors unzulässig und strafbar. Das gilt insbesondere für Vervielfältigung, Übersetzung, Mikroverfilmung und die Einspeicherung und Verarbeitung in elektronischen Systemen. Alle in diesem Buch enthaltenen Angaben, Ereignisse, Sachverhalte usw. wurden vom Autor nach bestem Wissen erstellt. Sie erfolgen ohne jegliche Verpflichtung oder Garantie. Der Autor übernimmt daher keinerlei Verantwortung und Haftung für vorhandene Unrichtigkeiten. Die Wiedergabe von Gebrauchsnamen, Handelsnamen, Warenbezeichnungen, Firmennamen usw. in diesem Werk berechtigt auch ohne besondere Kennzeichnung nicht zu der Annahme, dass solche Namen im Sinne der Warenzeichen- und Markenschutz-Gesetzgebung als frei zu betrachten wären und daher von jedermann benutzt werden dürfen.

Autor

Dr. Jens Kegel ist Kommunikations-Experte. Er studierte Germanistik, Geschichte, Pädagogik und Psychologie. Nach zwei Staatsexamen folgten ein Fernstudium „Werbetexten" und ein Promotionsstudium im Bereich Germanistische Linguistik. Seit fünfzehn Jahren arbeitet er als Texter, Autor, Ghostwriter und Berater für verbale Unternehmenskommunikation. Aus Interesse am Gehirn und seinen Funktionen beschäftigt er sich seit vielen Jahren mit der entsprechenden Fachliteratur.  Als Praktiker übersetzt er zudem die neuesten Erkenntnisse aus verschiedenen Wissenschaftsbereichen und bereitet sie methodisch in Vorträgen und Seminaren auf.

www.jens-kegel.de

Inhaltsverzeichnis

Vorwort		09
1.	Unsere Schaltzentrale(n) verstehen	11
1.1	Ein evolutionäres Sammlerstück	11
1.2	Die Leitzentrale Nummer Eins	13
1.3	Der bewusst denkende Teil	18
1.4	Fehler des Gehirns erkennen und vermeiden	21
1.5	Das Gehirn hinter dem Bauchnabel	33
1.6	Entscheiden mit Hirn und Bauch	36
1.7	Emotionen – gut oder schlecht	40
	Zusammenfassung	45
2.	Das Böse ist immer und überall	47
3.	Was Macht mit uns und den Gehirnen macht	53
4.	Hirngerecht lernen	59
4.1	Lernen heißt verändern	59
4.2	Vom Kurz- zum Langzeitgedächtnis	61
4.3	Lernstrategien im Alltag anwenden	65
4.4	Fakten lernen	69
4.5	Zahlen des Alltags speichern	71
	Zusammenfassung	73

5.		Das weibliche und männliche Gehirn	75
5.1		Frauen denken und fühlen anders	76
5.2		Männer denken und fühlen anders	77
6.		Gehirne hegen und pflegen	81
6.1		Der Vielkönner Sport	81
6.2		Die ideale Nahrung für beide	83
6.3		Meditieren weckt ungeahnte Kräfte	84
6.4		Pflege im Schlaf	86
7.		Epilog	87
8.		Literatur	89
9.		Weitere Bücher des Autors	93

Vorwort

Aristoteles glaubt, es diene dazu, unser Blut zu kühlen, darum ist es so weit oben angebracht. Andere antike Griechen betrachten das Gehirn als Organ, in welchem Intelligenz und Empfindungen des Menschen zu lokalisieren seien. Bis Forscher mit Hilfe Bild gebender Verfahren dem Gehirn beim Denken zusehen können, ist es ein weiter Weg, der viele Irrtümer und falsche Vorstellungen hervorgebracht hat, von denen sich einige hartnäckig auch heute noch halten. Weil Neurologie und angrenzende Wissenschaften in den letzten Jahren aber förmlich explodierten, besitzen wir heute Erkenntnisse zum Gehirn, die alte Weisheiten über den Haufen werfen.

Eine erstaunt Menschen, die vorrangig körperlich arbeiten: Das Gehirn macht durchschnittlich nur zwei Prozent der Gesamtmasse unseres Körpers aus, verbraucht aber zwanzig Prozent der gesamten Energie. Eine andere ist für alle eine positive Nachricht: Noch vor einigen Jahrzehnten dachte man, dass seine Zellen nicht mehr wachsen, sondern nur noch sterben. Heute ist klar, dass in bestimmten Regionen Zellen wachsen, vor allem aber die Verbindungen zwischen ihnen sich ständig ändern. Daraus wiederum resultiert, dass auch ein anderer Glaube nicht mehr haltbar ist: Was Hänschen nicht lernt, lernt Hans nimmermehr. Auch das ist falsch.

Neurologen wissen heute, dass sich das Gehirn wandeln kann und dies auch ständig tut. Wissenschaftler haben nachgewiesen, welche erstaunlichen Leistungen die Grauen Zellen erbringen – aber auch, was sie nicht können und wie wir sie überfordern. So ist das Gehirn zum Beispiel nicht gemacht, um während des Autofahrens zu telefonieren oder zwei wichtige Dinge gleichzeitig zu tun. Es ist klar geworden, dass unser Unterbewusstsein das Ruder in der Hand hält und das Bewusstsein nur einen Bruchteil der gesamten Hirntätigkeit ausmacht. Diese Erkenntnis ist schwer zu verdauen, glauben wir doch, alles im Griff zu haben, die Welt erkennen und erklären zu können.

Auch andere „Wahrheiten" haben sich in den letzten Jahren als Irrtümer oder Illusion herausgestellt; sie mussten anderen Erkenntnissen weichen, die den alten teilweise diametral gegenüberstehen. Natürlich kann man diese Einsichten links liegen lassen, das Leben wird auch ohne das neue Wissen weitergehen. Wer aber um die wichtigsten Resultate der Forschung weiß, ist in der Lage, sie im Leben anzuwenden, um es zu vereinfachen. Wer weiß, warum der andere wie agiert, kann gelassener handeln und reagieren. Wem klar ist, welche Unterschiede es zwischen Männern und Frauen naturgegeben gibt, kann die Gräben zuschütten und den jeweils anderen so nehmen, wie er ist. Wer weiß, was im eigenen Oberstübchen geschieht, wird viele der eigenen Reaktionen besser verstehen und sein Handeln optimieren können.

Das ist aber noch lange nicht alles, denn mittlerweile sprechen Forscher von zwei Gehirnen. Sie haben herausgefunden, dass der Darm seinen eigenen Kopf hat und als zweites Gehirn agiert. Wenn wir bisher immer glaubten, dass er „nur" dazu dient, die Nahrung zu transportieren und aus dem Nahrungsbrei die Nährstoffe für den Körper herauszuholen, dann belehrt uns die Forschung eines Besseren. Der Darm denkt autonom, handelt selbstständig und hängt eng mit unserer Psyche zusammen. Wer also sein Gehirn im Kopf optimal nutzen will, sollte unbedingt auch an sein zweites denken.

Dieses Buch ist als Konzentrat zu verstehen. Es fasst viele Forschungsergebnisse der letzten Jahrzehnte zusammen und beschränkt sich dabei auf jene Resultate, die wir jeden Tag nutzen können. Es ist natürlich kein Fachbuch und kann es auch gar nicht sein. Das Buch resultiert aus persönlichem Interesse und vielen Fragen meiner Seminarteilnehmer. Wie funktioniert denn nun eigentlich die Graue Masse? Was geschieht, wenn Menschen verstehen? Ticken Frauen und Männer wirklich anders? Wie kann ich mir leichter Zahlen und Fakten merken? Auf all diese Fragen (und mehr) finden Sie hier Antworten, die eines gemeinsam haben: Schnelle, wissenschaftlich fundierte und auf das Wesentliche begrenzte Information.

1. Unsere Schaltzentrale(n) verstehen

1.1 Ein evolutionäres Sammlerstück

Fragt man so genannte Kreationisten in den USA – und von denen gibt es nicht wenige –, dann hat ein genialer Schöpfer den Menschen geformt und ihm nach vollbrachter Arbeit Leben eingehaucht. Ohne der Blasphemie bezichtigt zu werden, kann man nach Jahrhunderten der Forschung behaupten, dass dieser Schöpfer wohl kein genialer Ingenieur war, sondern als stümperhafter und launiger Konstrukteur ans Werk gegangen ist. Unser Gehirn ist zwar ein bewundernswertes Organ, das Betrachter ehrfürchtig erstaunen lässt. Es gleicht aber eher einem Gebäude, das Altes weiterverwendet und Neues nach aktuellem Bedarf anbaut. Das Gehirn leistet sich auch Überflüssiges, es führt uns oft genug auf falsche Fährten und gaukelt uns eine Realität vor, die gar nicht existiert. All dies veranlasst den Psychologen Gary Marcus dazu, unser Gehirn – leicht übertrieben – als „Murks" zu bezeichnen.

Biologen sprechen davon, dass die individuelle Entwicklung des Menschen (Ontogenese) auch verkürzt die Stammesentwicklung (Phylogenese) widerspiegelt. Das zeigt sich auch an unserem Gehirn, denn tief in seinem Innern besitzen auch wir Strukturen, die stammesgeschichtlich weit zurückreichen. Manche bezeichnen sie auch als Reptiliengehirn, weil diese alten Strukturen schon bei diesen Tieren angelegt sind. Interessant ist nun, wie und warum sich unser Gehirn – in Bezug auf andere Zeiträume in der Evolution – so rasant entwickelt hat. Begeben wir uns dazu eine winzig kleine Zeit in unserer Entwicklungsgeschichte zurück:

Es war einmal vor zwei Millionen Jahren. Da sagt das Weib eines unserer Vorfahren: „Mann, so geht das hier nicht weiter. Wir sind zwar schon von den Bäumen herabgestiegen, benehmen uns aber weiterhin wie die Affen. Wir essen, was uns vor die Zähne kommt und schleichen durch die Savanne. Mal hier ein verendeter Kadaver, mal da hartes und zähes Grünzeug, wenn es denn noch grün ist! Ich hab keine Lust mehr, von allen möglichen Zufällen abzuhängen und ansonsten nur rumzuhängen, ohne etwas zu tun. Ich hab eine grandiose Idee."

Bei den letzten Worten des lieben Weibchens wird es dem Männchen genau da ganz mulmig, wo viel später mal der Gürtel sitzen wird. Aus Erfahrung weiß es: Wenn Weibchen grandiose Ideen haben, müssen Männchen dies für gewöhnlich ausbaden. Und so ist es denn auch. Das Weibchen spricht fröhlich weiter: „Lass uns Werkzeug machen und das Feuer bändigen. Dann können wir leichter Tiere fangen und sie besser zerlegen. Vor allem aber können wir das Fleisch braten und viel besser verdauen."

Als das Weibchen endigt, sieht es zufrieden in die afrikanische Savanne. Dass sie jedoch mit ihrem weisen Gerede dem Männchen den Angst-Schweiß unter den Pelz gejagt hat, übersieht sie geflissentlich. Weil das Männchen jedoch keinen Stress mit seinem Weibchen will, holt es seine Männchen-Kollegen zusammen. Gemeinsam gründen sie die erste Kellerwerkstatt, in Ermangelung eines Kellers noch auf einer Baumwurzel. Hier probieren sie aus, was geht und was eben nicht funktioniert. Das dauert so ungefähr 200.000 Jahre. Am Ende dieser äußerst kurzen Probier-Zeit präsentiert das Werkzeug-Gebrauchs-Feuer-Nutzungs-Team den Damen die fertigen Vorschläge. Leider noch ohne Power-Point. Dafür aber mit durchschlagendem Erfolg. Die Damen bejubeln die Vorschläge der Männchen und herzen und liebkosen sie, dass es eine Art hat und in den mächtigen Unterkiefern knackt. Und bei manchen auch dazu führt, dass die Art gerade in dieser wichtigen Phase nicht ausstirbt.

Von nun an geht es aufwärts mit den Menschen, die man eigentlich noch gar nicht so nennen darf. Sie verwenden Steine und Holz und bauen daraus die Urform des Bosch-Bohrhammers. Sie feilen Spitzen, binden diese an Speere und pieksen dann diese Speere in die bösen und angriffslustigen Tiere. Sie bedienen sich des Feuers, obwohl es den Genitiv noch gar nicht gibt. All diese Aktivitäten haben Folgen. Die Gehirnzellen sind überfordert. Sie rufen also nach einer Gewerkschaft und wollen streiken. Geht aber nicht, denn beides gibt es noch nicht. Ach, eine glückliche Zeit! Weil die beiden Optionen Streik und Gewerkschaft also noch in der Zukunft liegen, müssen die Neuronen Arbeit abgeben, an andere Gehirnzellen, die aber gar nicht vorhanden sind. Und so kommt es, dass sie sich vermehren.

Nach vielen, vielen, vielen Generationen ist aus dem Australopithecus der Homo habilis geworden, der geschickte, der fähige, der begabte Mensch. Sein Gehirn hat sich stark vergrößert. Weil er mehr können muss. Weil er nicht mehr nur herumhängt und sucht, was ihm so zwischen die Kiefer fällt. Weil er strategisch denkt, wie er sich am besten das zarte Wildbret einverleiben kann. Weil nun auch der männliche Teil anfängt zu kommunizieren: „Also, Weib, das war so. Als die total aggressive Antilope die Zähne fletscht, hab ich den Speer genommen und dem Tier todesmutig in die Augen gesehen. Dabei hab ich immer wieder an Dich und unsere kleine Süße denken müssen. Und als…"

Verlassen wir nun diesen total sachlichen und auf nachprüfbaren Fakten beruhenden Monolog und wenden uns wieder dem Gehirn zu. Es wächst also. Allerdings hat dieser evolutionäre „Sprung" auch seine Tücken, denn das Gehirn des Homo habilis baut auf Strukturen auf, die bereits vorhanden sind. Und so geht es in den nächsten zwei Millionen Jahren munter weiter. Unser Gehirn gleicht am Ende keinem wohldurchdachten Gerät, das von einem Konstrukteur ersonnen wurde. Es gleicht eher einem Haus, das in sich alle Phasen der Architektur vereint. Der Kern ist die urzeitliche Höhle. Dann folgen Fensterchen, Wände, Erker, Türmchen, verschiedene Dächer. Mal wird angebaut, mal wieder abgerissen. Am Ende ist unser Brägen eine Konstruktion, bei der jemand versucht hat, das alte immer irgendwie mit einzubinden.

1.2 Die Leitzentrale Nummer Eins

Tief im Innern unseres Gehirns sitzt also jener Teil, der stammesgeschichtlich am ältesten ist. Er hat die Aufgabe, unser Überleben zu sichern, die lebensnotwendigen Funktionen aufrecht zu erhalten und bei Gefahr die entsprechenden Reaktionen einzuleiten. Wenn wir zum Beispiel bei Sturm einen Baum in unsere Richtung kippen sehen, wäre es nicht gerade hilfreich, die Länge abzuschätzen, um danach zu entscheiden: weglaufen oder stehenbleiben. Wahrscheinlich kommen wir gar nicht mehr bis zu dieser Entscheidung, denn wir liegen bereits unterm Baum – mausetot. Der alte Teil des Gehirns arbeitet unmittelbar mit dem Rest des Körpers zusammen. Er leitet bei Gefahr oder Stress sofort körperliche Reaktionen ein, die nicht willentlich zu beeinflussen sind. Er sorgt dafür, dass der Körper sich auf Flucht oder Angriff einstellt und reagieren kann, ohne lange nachdenken zu müssen. Sein oberstes Ziel lautet:

Überleben sichern. Dazu schaltet er im Notfall – wenn für den Körper ganz offensichtlich Gefahr droht – auch jene Teile aus, die für rationales Denken zuständig sind. Das ist vernünftig, denn ansonsten könnte der Körper in vielen Fällen nicht mehr rechtzeitig reagieren.

Seit der Zeit der Aufklärung glauben wir Menschen, uns in erster Linie unseres Verstandes zu bedienen und demnach rational das Leben im Griff zu haben. Nun kommen Neurologen und reißen dieses vor Selbstbewusstsein strotzende Gedanken-Gebäude wieder ein. Wie? Indem sie uns zeigen, wer in unserem Kopf regiert – und das ist nicht unser rational arbeitendes Bewusstsein.

Sigmund Freud ahnte das, aber er irrte über die Dimensionen. Der Vater des Unterbewusstseins dachte, dass Menschen zu einem geringen Teil – Psychologen sprechen heute vom Unbewussten – unbewusst gesteuert werden und zum größten Teil bewusst. Zur Veranschaulichung dieses Verhältnisses diente lange Zeit das Eisberg-Modell: ein Siebtel über der Wasseroberfläche, sechs Siebtel darunter. Heute gehen Neurologen davon aus, dass mehr als neunzig Prozent all unserer Denkleistungen unbewusst geschehen, wir also darauf nicht zugreifen können, sie uns nicht bewusst werden. Manch einer ist sich sogar sehr sicher, dass mehr als neunundneunzig Prozent all unserer Denkleistungen vom Unbewussten vollbracht werden.

Wer nun an einen fremdgesteuerten Roboter denkt, liegt falsch, denn das Unbewusste bildet sich aus der Summe individueller Eindrücke, es handelt demnach auch individuell. Mit anderen Worten: Das Unbewusste repräsentiert unsere Persönlichkeit, weil es ein Teil davon ist und diese zu großen Teilen formt, nur tut es dies im Verborgenen. Seine wichtigste Aufgabe besteht darin, das System Mensch durchs Leben zu bringen. Dazu verarbeitet und filtert es die Millionen Reize, die uns ständig von außen über die Sinnesorgane bombardieren. Das ist bitternötig – gerade in unserer Zeit der massenhaft auf uns einströmenden Sinnesreize – denn die Kapazität des Bewusstseins ist viel zu klein dafür.

Als Beispiel dient ein Bummel durch eine beliebige Einkaufsstraße in einer beliebigen Stadt. Wer hier einmal stehenbleibt und wie bei einer Kamera starr geradeaus blickt, wird merken, dass allein schon die optischen Reize in unserem Blickfeld einer wahren Flut gleichen. Es ist unglaublich, aber der Sehnerv leitet sechs Millionen Informationseinheiten zum Gehirn – sechs Millionen pro Sekunde. Hinzu kommen akustische, olfaktorische und Sinnes-Reize über die Haut. Der Körper des Menschen muss im Gleichgewicht gehalten werden, alle Lebensvorgänge sollen weiterlaufen, ohne dass wir uns im wahrsten Sinne darüber einen (bewussten) Kopf machen müssten. Unser Bewusstsein hingegen kann pro Sekunde gerade einmal dreißig bis neunzig Informationseinheiten verarbeiten.

Wenn die Sinneseindrücke im Gehirn ankommen, werden sie vom Unbewussten bewertet. Dazu vergleicht das Gehirn sie mit den Informationen und Emotionen, die bereits gespeichert sind. Wenn unsere Augen während eines Waldspaziergangs eine Schlange sehen, aktiviert das Unbewusste sofort alle Informationen, die mit der Schlange zusammenhängen; es löst anschließend Alarm und die entsprechenden Reaktionen aus. Wenn sich die Schlange dann als Stock herausgestellt hat, fährt das Unbewusste die unterschiedlichen Reaktionen wieder auf das Normalmaß zurück. Wenn unser Bewusstsein diese Aufgaben – erkennen, bewerten, Alarm auslösen, Reaktionen einleiten – erledigen müsste, wäre seine Kapazitätsgrenze bereits überschritten. Außerdem arbeitet es viel zu langsam.

Das Unbewusste steuert auch all jene Lernvorgänge, bei denen uns die zu lernenden Sachverhalte „in Fleisch und Blut übergehen". Wenn Kinder sprechen lernen, dann vermitteln ihnen ihre Eltern die Regeln, mit denen ihre Muttersprache funktioniert, eben nicht. Kinder lernen diese Regeln durch Erfahrung mit der Sprache. Wenn wir einen Satz bilden, dann wenden wir diese Regeln unbewusst an, weil sie genau dort gespeichert sind – im Unbewussten. Auch viele andere Handlungen, welche wir manchmal mühsam über den Umweg des Bewusstseins lernen mussten, werden nach dieser Lernphase vollständig vom Unbewussten gesteuert. Wer denkt beim Fahrradfahren daran, wie die Beine zu bewegen sind und das Gleichgewicht zu halten ist? Wer ruft sich im Auto noch die einzelnen Handlungen (Kupplung treten, Gang einlegen...) ins Bewusstsein? Wer denkt beim Zähneputzen darüber nach, wie die Zahnbürste zu führen ist?

Das Unbewusste speichert darüber hinaus wichtige und emotional eingefärbte Erlebnisse aus unserer Biografie. Sigmund Freud war einer der ersten, der versuchte, diese mittels verschiedener Techniken ins Bewusstsein zu holen, damit der Patient sie be- oder verarbeiten kann. Der Grund liegt darin, dass unser Gehirn manche dieser Erlebnisse in einem tiefen Winkel seines Gedächtnisses abgelegt hat, weil das bewusste Denken an diese Erlebnisse dem Körper oder der Psyche schaden könnte.

Bewusst können wir uns also an diese Dinge nicht mehr erinnern, unser Unbewusstes aber weiß, wo sie gespeichert sind. Besonders die Kindheit ist der Zeitraum, in dem das Unbewusste geformt und gefüllt wird. Nicht umsonst spricht man von der verletzlichen oder zarten Kinderseele, denn unbewusst nimmt sie zum Beispiel alle Zeichen auf, welche die Eltern aussenden. Ein liebevoller Blick der Mutter, ein achtunggebietender des Vaters, eine Geste, ein Mundwinkel, der Missbilligung ausdrückt. Aber auch schon im Mutterleib verarbeitet das Gehirn unbewusst Informationen. Die Stimmungslage der Mutter, eine Depression oder auch Freude und Glück haben Einfluss auf das heranwachsende Gehirn. Das ist möglich, weil auch bei Schwangeren Emotionen mit chemischen Substanzen verbunden sind. So bleibt es nicht aus, dass das Stresshormon Cortisol auch das Ungeborene erreicht. Weil der Fötus bereits im Mutterleib auch emotional in eine entsprechende Spur geschickt wird, sprechen Wissenschaftler von emotionaler Konditionierung. Dieser ursprünglichen Form des Lernens können wir nicht entgehen, eben weil sie unbewusst geschieht.

Dass uns das Unbewusste auch bei einer kniffligen oder kreativen Aufgabe helfen kann, wird beim so genannten Heureka-Erlebnis deutlich. Der Überlieferung nach hat der griechische Mathematiker Archimedes über eine Aufgabe intensiv nachgedacht. Die Lösung fiel ihm ein, als sein Bewusstsein sich nicht damit befasste, das Unbewusste aber sehr wohl weiter daran arbeitete – in der Badewanne. Voller Freude soll er anschließend nackt durch Athen gelaufen sein und „Heureka!" gerufen haben – „Ich hab's gefunden!". Andere berühmte Beispiele sind Mendelejew und Kekulé. Beide fanden eine Lösung für ihr Problem im Schlaf. Allerdings liefen sie anschließend nicht nackt durch die Straßen. Der Begründer moderner Psycho-Analyse – Sigmund Freud – hat vom Unterbewusstsein und Bewusstsein gesprochen. Heute sprechen die Wissenschaftler eher vom System EINS und ZWEI, obwohl sie etwas Ähnliches meinen. Folgende Zitate aus einem Artikel von Hania Luczak zum Thema „Unterbewusstsein" (System I) sollen das Gesagte zusammenfassen:

„Abseits des lichten Bewusstseins ziehen verborgene Instanzen die Fäden. Darin sind sich Psychologen und Neurowissenschaftler, Philosophen und Mediziner weitgehend einig. [...] Das Unbewusste existiert, und seine Führungsqualitäten sind unbestritten. [...] Das Bewusstsein ist nicht die Spitze des Eisbergs, sondern eher ein Schneeball, der auf ihm ruht. Das verborgene Reich ist viel voluminöser als vermutet. [...] Bewusstsein ist Luxus. Deshalb schaltet das Gehirn, sooft es kann, auf Autopilot. [...]

Doch das Unbewusste befiehlt nicht, es arbeitet subtil, flüstert und wispert, es hat ja ohnehin das Sagen. Und es ist nicht nur Herr über Wissensspeicher, Datenfilter, Steuerruder oder Fertigungsautomaten, sondern auch eine Art Dolmetscher. [...] Jeder Gedanke eines Erwachsenen muss, bevor er im Bewusstsein aufblitzt, das limbische System passieren, das Reich der Gefühle. Dort ist der Ursprung des kognitiven Aktes, dort wird er angefärbt, dort wird die Vernunft eingestimmt. Alles unterliegt dem gleichen Zensor: Ist das Bewusstsein einverstanden oder nicht?" (Luczak 2005)

Das System EINS ist evolutionär das ältere, weil es im Grunde dafür sorgt, das Individuum unbeschadet und möglichst ohne Blessuren und unnötige Anstrengung durchs Leben zu bringen. Es handelt schnell, impulsiv, ohne Vorwarnung, hat aber auch wesentlich seine Hand mit im Spiel, wenn Menschen intuitiv entscheiden oder einem Impuls nachgehen. Alles, was der homo sapiens vom Leben gelernt hat, wird vom System EINS auf neue Situationen angewandt. Manchmal handelt er dann zwar schnell, aber auch unlogisch, weil die Umwelt sich viel schneller ändert, als das Gehirn ihr und den Änderungen folgen kann.

Das System EINS:
- arbeitet unbewusst und ohne willentliche Anstrengung.
- löst die wichtigsten Aufgaben des (Über-)lebens.
- berechnet ständig, was in unserem Umfeld geschieht, damit der Körper entsprechend schnell darauf reagieren kann.
- steuert die Aufmerksamkeit.

Dieses grundlegende System hat nicht nur die Aufgabe, uns am Leben zu halten und durch die Widrigkeiten des Seins zu bringen. Es fungiert als Polizist, der ständig auf der Lauer liegt, um bei Gefahr blitzschnell reagieren zu können. Die meisten seiner Aktionen dringen nicht ins Bewusstsein, was uns glauben lässt, dass wir unser Dasein bewusst steuern und alles (bewusst) im Griff haben – ein weitverbreiteter Irrtum. Auch wenn das System uralt ist und reflexartig reagiert, so ist es auch heute noch äußerst wichtig. Man kann sogar behaupten, dass wir ohne sein Können nicht überlebensfähig wären – gerade in unserer Zeit, die voll von Gefahren ist. Im Straßenverkehr, in der Küche, im Wald, bei einem ganz normalen Spaziergang gibt es immer wieder Situationen, in denen sofortiges Handeln Unfälle vermeidet oder gar das Leben rettet.

1.3 Der bewusst denkende Teil

Wenn wir an das Gehirn denken, dann an ein gefurchtes oder gefaltetes Gebilde, das sich in unserem Kopf befindet. Diese Falten bilden den Neocortex – jenen Teil des Gehirns, welcher sich über dem stammesgeschichtlich älteren Teil entwickelt hat, und auch Gehirnrinde genannt wird. Wenn tiefere Teile für Reflexe, das Überleben und Emotionen zuständig sind, dann findet hier die eigentliche bewusste Arbeit des Gehirns statt. Wir denken mit den Furchen, schätzen ab, berechnen. Der Neocortex besteht aus sechs Schichten bzw. Lagen von Nervenzellen und ist auf die Außenwelt gerichtet. Wie die evolutionär uralten Teile im Innern die rationale Oberschicht ausschalten können, um Schlimmes zu verhindern, so gibt es auch einen gegenteiligen Einfluss. Wenn die Emotionen, in den Tiefen entstanden, rationales Denken und nachfolgend logisches Handeln unmöglich machen, kann der bewusst arbeitende Teil unseres Gehirns diesen Einfluss eindämmen. Dass dies nicht immer gelingt, merken wir spätestens dann, wenn uns überbordende Emotionen (wieder mal) zu ungewolltem Handeln (ver)führen.

Um einen Eindruck von der Arbeit dieses Denksystems zu erhalten, schlägt Daniel Kahneman einen einfachen Versuch vor. Wenn Sie mit einem anderen Menschen spazieren gehen (eher gemütlich schlendern als straff wandern), stellen Sie dem anderen abrupt eine Rechenaufgabe, z.B. 48 x 23. Mit großer Sicherheit wird der Begleiter anhalten, weil sein Geist mit beiden Aufgaben – weitergehen und zugleich die Aufgabe lösen – überfordert wäre. Die vielbeschworene Fähigkeit des Multitasking ist leider ein Märchen. Auch Frauen können sich – bei wichtigen Aufgaben – immer nur auf eine konzentrieren. Und wenn wir dennoch mehrere Tätigkeiten gleichzeitig erledigen, häufen sich Fehler und Ungenauigkeiten. Hinzu kommt, dass all dies unterm Strich mehr Zeit kostet, als wenn wir eins nach dem anderen erledigen. Wie früher.

Das System ZWEI:

- arbeitet unter Anstrengung und hat demnach eine Haupteigenschaft: Faulheit.
- besitzt nur einen begrenzten Umfang.
- ist meist nur in der Lage, sich auf eine Aufgabe zu konzentrieren.
- Kann darum mehrere Aufgaben nicht zur selben Zeit, sondern nur nacheinander effektiv lösen.
- ist anfällig für verschiedene Arten von Zerrbildern, die uns ein falsches Bild vorgaukeln.

Diese Bilanz ist nicht gerade ermutigend, aber wahr. Das System ZWEI benötigt viel Energie, kann sich nur auf eine Aufgabe konzentrieren und blendet demnach alle anderen Informationen aus. Um dies anschaulich zu dokumentieren, haben Wissenschaftler um Christopher Chabris und Daniel Simons eines der aufregendsten und ungewöhnlichsten psychologischen Experimente durchgeführt und gefilmt. Sie ließen zwei Mannschaften (drei Spieler mit schwarzen T-Shirts und drei mit weißen) Basketball spielen. Zuschauer sollten nun zählen, wie oft die weiße Mannschaft Ballwechsel hat – eine Aufgabe, die von den Beobachtern volle Aufmerksamkeit verlangt. Nach nur etwas mehr als einer Minute wurden die beobachtenden Testpersonen gefragt, ob ihnen etwas Besonderes aufgefallen sei. Die Hälfte verneinte, ihre Gehirne hatten genug mit dem Zählen der Ballwechsel zu tun. Die andere Hälfte aber hatte bemerkt, dass ein Gorilla durch das Bild wanderte und sich sogar auf die Brust klopfte. Warum hat die Hälfte der Beobachter diesen Gorilla einfach nicht gesehen, obwohl er so offensichtlich durch das Bild lief? Die Antwort sagt alles: Unaufmerksamkeitsblindheit.

Wenn Menschen ihr System ZWEI mit voller Leistung fahren müssen, wie bei diesem Versuch, dann fokussieren sie, richten den Scheinwerfer auf die Aufgabe und übersehen alles, was nicht dazu dient, diese eine Aufgabe zu lösen. Das ist fast wörtlich zu nehmen, denn bei voller Konzentration erweitern sich die Pupillen des Menschen, fokussieren und werden zugleich blind für all das, was nicht Teil der Aufgabe ist. Die Ursache dafür liegt in der ökonomischen Arbeitsweise des Systems ZWEI, denn es muss mit den Ressourcen, die zur Verfügung stehen, haushalten, auch wenn die Treibstofftanks des Gehirns heute viel schneller wieder aufgefüllt werden können – noch vor wenigen hundert Jahren war dies gar nicht so sicher. Genau davon aber geht das Gehirn aus: Sparen, ökonomisch mit der wertvollen Glukose umgehen, wer weiß, wann der Speicher wieder aufgefüllt wird.

Damit eng verbunden ist die Eigenschaft des Systems, faul zu sein. Dies hat man mit einem beeindruckenden Versuch nachgewiesen, der zu der Erkenntnis führt, dass man als Beschuldigter bei Gericht VOR der Mittagspause schlechte Karten hat… Psychologen stellten fest, dass Richter, die erschöpft oder hungrig waren, mehr Gnadengesuche ablehnten als ihre gesättigten Kollegen. Dieses Verhalten ist darauf zurückzuführen, dass die Gehirne der hungrigen Juristen auf Sparmodus schalteten, dem Autopiloten das Steuer überließen, weil dieser weniger Energie verbraucht.

Das Phänomen der Unaufmerksamkeitsblindheit ist in vielen Bereichen zu beobachten. Menschen übersehen in Spielfilmen Fehler, weil sie sich auf die spannende Handlung konzentrieren. Lehrer bemerken den schummelnden Schüler nicht, weil sie mit der Aufgabe an der Tafel beschäftigt sind. Besonders gefährlich wird es beim Autofahren. Die einzelnen Handlungen (schalten, lenken, abbiegen, die anderen Fahrzeuge beobachten…) übernimmt zwar das System EINS, dennoch muss unser Gehirn eine Reihe von Informationen verarbeiten. Die meisten von uns glauben, dass sie dennoch parallel einer Hör-CD lauschen oder telefonieren können. Das System ZWEI ist jedoch mit diesen Informationen überlastet. Multitasking ist also nur bei einfachen Handlungen möglich und auch nur unter drei Voraussetzungen – wenn ein Teil der parallel ablaufenden Handlungen automatisiert bzw. habitualisiert ist, keine Gefahr besteht oder die Tätigkeiten allesamt sehr einfach sind.

Damit aber noch nicht genug der Besonderheiten. Wenn das System ZWEI handelt, wenn wir also bewusst etwas tun, dann gaukelt uns das Gehirn vor, dass alles so geschieht, wie wir es erleben. Dem ist aber nicht so. Die Handlungen laufen durch ein Filtersystem, das unsere Wahrnehmung verzerrt, uns häufig narrt und eine individuelle Realität vorspielt. Weil diese Verzerrungen etwas mit den geistigen Handlungen Erkennen, Erfahren und Kennenlernen zu tun haben, werden sie auch als kognitive Verzerrungen bezeichnet. Die wichtigsten werden wir später betrachten.

Der optimale Zustand für unser Gehirn und den gesamten Körper ist erreicht, wenn alle Teile des Gehirns in friedlicher Koexistenz miteinander leben und jedes seine ihm angestammten Aufgaben erledigt. Viele Krankheiten in unserer hochgezüchteten Industriegesellschaft zeigen jedoch, dass diese Harmonie viel zu oft gestört ist. Eine

Ursache liegt vermutlich darin, dass wir unser Gehirn ganz einfach überlasten. Auch wenn es sich stammesgeschichtlich sehr schnell entwickelte, so kann es doch den neuzeitlichen Anforderungen häufig nicht mehr standhalten. Seine Hard- und Software ist den Umständen noch nicht angepasst. Man beobachte nur einmal Menschen mit ihren Kommunikationsgeräten. Wer während des Gehens auf der Straße liest, schreibt oder telefoniert, blendet seine Umgebung zu großen Teilen aus und gefährdet dabei sich und andere. Auch wenn wir glauben, alles unter Kontrolle zu haben, dem ist nicht so.

1.4 Fehler des Gehirns erkennen und vermeiden

Bevor wir uns den Fehlern, Unzulänglichkeiten und Unsinnigkeiten unseres Gehirns zuwenden, müssen wir uns noch einmal klarmachen, wofür es eigentlich gemacht ist. Sowohl die evolutionär sehr alten als auch die relativ neuen Bestandteile haben vor allem die Aufgabe, den Organismus am Leben zu halten und dafür zu sorgen, dass er seine Gene weitergibt und seine Brut für den Überlebenskampf ausrüstet. Wenn dies getan ist, kann er eigentlich abtreten. Dass unser Gehirn mittlerweile aber auch in der Lage ist, kreativ-künstlerisch zu arbeiten, Schönheit als solche zu genießen, sich mit vielen anderen Dingen zu beschäftigen, ist Luxus. Ein Grund für die Fehler, die es laufend macht, ist der mittlerweile große Graben zwischen ureigentlichen und aktuellen Aufgaben. Wenn man sich die riesigen Zeiträume ansieht, in denen die Natur etwas entwickelt, dann ist schon sehr erstaunlich, in welchem Tempo unser Gehirn im Verhältnis zu unserer Körpermasse gewachsen ist.

Andererseits hat das Gehirn des Menschen, vor allem seit der Industriellen Revolution im 19. Jahrhundert, ihm selbst mit rasender Geschwindigkeit innerhalb weniger Generationen immer neue Techniken beschert. Noch Jules Verne hat diese als Phantasie und Science Fiction gedacht. Die Entwicklung der Handys und Computer steht beispielhaft für dieses überbordende Tempo, welches Evolution natürlich nicht nachempfinden kann. Seien wir also nachsichtig mit unserem Gehirn und bürden ihm nicht Arbeiten auf, für die es evolutionär gar nicht geschaffen ist.

a) Gedächtnis wie ein Sieb

Wo ist der Autoschlüssel und wo das ganze Auto? Was wollte ich eigentlich einkaufen? Wie heißt diese Frau? Wann hat Sabine Geburtstag? Die Liste der Fragen ließe sich beliebig fortsetzen. Sie zeigt, dass unser Gedächtnis mit den alltäglich zu behaltenden Dingen oft an seine Grenzen stößt und häufig darüber hinaus beansprucht wird. Schätzungen haben zum Beispiel ergeben, dass sechs Prozent der tödlichen Unfälle beim Fallschirmspringen darauf zurückzuführen sind, dass die Sportler vergessen, an der Leine zu ziehen. Piloten, die ihre Maschine kontrollieren, gehen immer wieder nach einer festgeschriebenen Liste vor, um keinen Punkt – aus welchem Grund auch immer – zu vergessen.

Der US-Amerikaner Derren Brown hat in einem erstaunlichen Versuch gezeigt, dass wir uns im Alltag nur auf ganz wenige Dinge konzentrieren können und andere einfach ausblenden und damit vergessen (youtube, Stichwort: change blindness). Eine Person fragt auf der Straße eine andere nach dem Weg. Während der Befragte zur Erklärung ansetzt, schieben sich zwischen die beiden zwei andere Personen, die eine Platte tragen. Für einen kurzen Moment werden also die fragende und die erläuternde Person optisch voneinander getrennt. Nur sehr wenige der erklärenden Menschen merken anschließend, dass der andere Mensch nach der kleinen Störung mit der Platte ein anderer ist. So erstaunlich dies auch ist – wir konzentrieren uns vor allem darauf, den Weg zu erklären, rufen diesen wahrscheinlich vor unserem geistigen Auge auf und können uns demnach nicht mehr auf die fragende Person konzentrieren. So kann man seelenruhig einen Menschen austauschen, ohne dass dies dem anderen bewusst wird.

Eine andere Tatsache, die jeder aus dem Alltag kennt, kennzeichnet das sehr ungenau arbeitende Gedächtnis. Wer zum Beispiel im Treppenaufgang noch wusste, wen er in der Wohnung zuerst anrufen wollte, dies aber am Telefon vergessen hat, geht die Treppe noch einmal. Auch andere Dinge fallen uns gerade dann wieder ein, wenn wir uns in genau dieser Situation befinden. Unser Gedächtnis speichert eben nicht wie eine Computer-Festplatte, sondern höchst individuell. Es bindet die Inhalte an Bekanntes, verknüpft mit Bildern, anderen Sachverhalten, Emotionen und den Kontext. Zu allem Überfluss werden die zu speichernden Inhalte noch in ihre Bestandteile zerlegt. Beim Erinnern klaubt sich unser Gehirn dann all diese Puzzle-Teile zusammen. Die Emotionen, der Kontext, all die anderen Sachverhalte werden ebenfalls wieder wachgerüttelt. Dass dabei kein identisches Bild entsteht, sondern nur noch ein Näherungswert, ist jetzt fast logisch. Wir speichern vor allem die wichtigen Dinge, die groben Geschehnisse – die Details sind für unseren Wissensspeicher uninteressant. Evolutions-biologisch ist dies logisch, es passt nur nicht zu unserer Welt, in der exakte Daten, Fakten, Tatsachen abgespeichert werden müssen.

b) Priming – das Vorher beeinflusst und verfälscht

Folgenden authentischen Versuch kann jeder mit einem anderen Menschen durchführen. Fordern Sie eine Person auf, sich folgende Wortreihe anzuhören:

Bett, Ruhe, wach, müde, Traum, aufwachen, dösen, Decke, einnicken, schlummern, schnarchen, Nickerchen, Frieden, gähnen, schlaftrunken, Krankenschwester, unpässlich, Arznei, Gesundheit, Krankenhaus, Gynäkologe, Doktor, krank, Patient, Praxis, Stethoskop, Chirurg, Behandlung

Anschließend geben Sie die Reihe der Wörter wieder, tauschen aber den *Doktor* durch *Arzt* aus. Kaum einer wird den Unterschied bemerken, denn durch die anderen Worte wird das Wort *Arzt* vorbereitet, auf ein höheres Aktivitäts-Potential gehoben. Psychologen nennen das zugrundeliegende Phänomen Priming: Ein Sachverhalt wird durch einen anderen vorbereitet, voraktiviert. Andere erstaunliche Versuche haben diesen Effekt mehrfach bestätigt. Wenn man zum Beispiel Menschen einen Text zu lesen gibt, in dem sie von alten Menschen, Krankheiten und einem Seniorenheim lesen, gehen die Leser anschließend langsamer den Flur entlang. Andere, die einen Text über junge Leute lesen, welche fit sind und Sport treiben, legen danach denselben Weg schneller zurück.

Priming funktioniert auch im Gerichtssaal, wo es dann gefährlich wird. Wenn zum Beispiel ein Zeuge mit großer Selbstsicherheit und Gewissheit aussagt, lassen sich die anderen davon beeinflussen. Ein weiterer Test zeigt, dass dieses Phänomen überall auftreten kann. Versuchspersonen zeigte man einen kleinen Film, in dem zwei Autos aneinander fuhren. Anschließend stellte man verschiedenen Zuschauern unterschiedliche Fragen: *Wie schnell fuhren die Autos, als sie aneinanderprallten? Wie schnell fuhren die Autos, als sie einander berührten? Wie schnell fuhren die Autos, als sie aneinander rasten? Wie schnell fuhren die Autos, als sie zusammenkrachten?*

Die Versuchspersonen schätzten anschließend die Geschwindigkeit unterschiedlich ein, weil sie durch die Wortwahl auf ein bestimmtes Gedankengleis gelenkt wurden: *aneinanderprallen, berühren, zusammenkrachen…*

c) Vergleichen zum eigenen Schaden

Auch wenn man es kaum bemerkt – in unseren Vorstädten und Reihenhaussiedlungen kann man es jeden Tag wunderbar beobachten, das Phänomen des ständigen und oftmals falschen Vergleichens. Samstagmorgen rattern oder summen die Rasenmäher, weil unbewusst die Hausbesitzer ihren Rasen mit jenem der Nachbarn vergleichen. Sie vergleichen die Autos miteinander, die eigene Frau mit jener des Nachbarn, den Putz an der Wand und die Dachziegel. Beim nachbarschaftlichen Grillabend führt der Hausherr stolz einen Super-Turbo-Master-Barbecue vor, der die Steaks selbstständig wendet und sogar piept, wenn sie die richtige Konsistenz besitzen… und in der Luxus-Version die Bierflasche öffnet. Kinder, die derweil im Garten spielen, vergleichen unbewusst ihre eigenen Spielsachen mit jenen der Nachbarskinder, die Gattin das aufgefahrene Geschirr mit dem eigenen. Zwei Gefühle spielen hierbei eine ernstzunehmende Rolle, die in Deutschland – dem Land der vorzeigbaren Leistungen – besonders ausgeprägt sind: Neid und Gier.

Beide haben ihre evolutionären Wurzeln und sind darum tief in unseren Gehirnen verankert. In der überwiegenden Zeit unserer Entwicklung gab es nie genug für alle. Die Individuen mussten sich ihren Anteil an Nahrung, Kleidung und einen Schlafplatz immer erkämpfen. Heute sind alle Grundbedürfnisse gestillt, die beiden Emotionen lassen sich jedoch nicht so einfach abschalten. Wenn sie die Oberhand gewinnen und unseren Alltag bestimmen, beeinflussen sie nicht nur das Denken und damit andere wichtige Gehirnfunktionen, sie machen langfristig auch krank. Neidische Menschen haben das Gefühl, zu kurz zu kommen, nicht das zu erhalten, was ihnen zusteht. Also müssen sie noch einen Gang zulegen, um an ihr Ziel zu gelangen. Wenn sich Menschen mit anderen vergleichen, ist das im Grunde nicht negativ, denn es ist ein starkes Mittel, um sich selbst zu motivieren. Schädlich wird es dann, wenn die Vergleichsobjekte oder -subjekte gar nicht miteinander zu vergleichen sind. Um bei dem Beispiel Haus zu bleiben: Bevor sich junge Familien für den Hausbau entscheiden, wälzen sie Kataloge und sehen sich Musterhaussiedlungen an. Sie vergleichen dabei auch Häuser miteinander, die eindeutig ihr Budget überschreiten. Daraus erwächst Frust. Ähnlich ist es bei Gehaltsvergleichen. Wir schielen immer nach jenen, die eine Gehaltstufe höher liegen und fragen uns: Wieso ich nicht? Die öffentlich geführten Diskussionen um die millionenschweren Manager sind dabei ganz besonders schädlich, denn sie offenbaren einen krassen, nie einzuholenden Unterschied.

Gegen die negativen Folgen des Vergleichens gibt es einfache und wirksame Mittel, die allesamt zum Nulltarif zu haben sind, weil sie in unserem Kopf entstehen. Das wichtigste ist, zwei Sachverhalte miteinander zu vergleichen, die auch wirklich zu vergleichen sind. Dann fallen bei der jungen Familie alle Kataloge von vornherein weg, die Villen zeigen. Der Gehaltsempfänger vergleicht sich mit Kollegen, die auf seiner Stufe stehen oder unter ihm. Das zweite Mittel ist noch leichter anzuwenden. Es geht darum, das Gefühl des Neids durch jenes der Fülle zu ersetzen. Macht es wirklich einen Unterschied, ob das Steak auf dem Super-Turbo-Master-Barbecue oder auf einem alten klapprigen Modell gegrillt wird? Atmen die millionenschweren Manager andere Luft? Können sie durch ihr Geld das eigene Leben verlängern? Im Gegenteil – sie haben viel weniger von jenem Luxus, der unbezahlbar ist: Zeit. Hilfreich ist es auch, immer wieder mal die andere Seite des Lebens zu betrachten. Dazu ein Beispiel: Nach einer Seminarpause bat ich die Teilnehmer, von ihren Beobachtungen während ihres kleinen Spaziergangs durch die Stadt zu berichten. Niemand erwähnte den Kleinbus, in dem Behinderte saßen. Keiner hat sein eigenes „schweres Los" mit jenem der anderen Menschen verglichen.

d) Besitz bindet und kostet

Sozialdemokraten und Linke führen gern einen Satz im Mund: Eigentum verpflichtet. Sie meinen damit, dass die scheinbar Reichen den anderen abzugeben haben. Dass materieller Besitz aber eine gewaltige Last sein kann, wissen nicht nur die Reichen, das weiß jeder, der sich irgendetwas hart erarbeitet hat. Menschen haben die Eigenschaft, sich in das zu verlieben, was sie haben. Hinzu kommt eine wichtige Triebkraft, die wiederum tief in unser Stammhirn eingegraben ist: Angst vor Verlust. Wenn es noch vor 10.000 Jahren vielleicht lebensbedrohlich war, etwas zu verlieren, dann ist es dies heute nicht mehr. Die tiefsitzende Angst zeigt sich schon, wenn Kleiderschränke ausgemistet werden sollen oder beim Frühjahrsputz uns Dinge in die Hände fallen, die eigentlich in den Müll gehören. Aber man könnte die doch noch mal irgendwann vielleicht, man weiß ja nie...

Menschen konzentrieren sich darauf, was sie verlieren könnten, statt den Fokus darauf zu legen, was sie gewinnen – Leerraum, Freiraum, Platz, Zeit. Materiellen und geistigen Ballast abzuwerfen ist eine Grundvoraussetzung, um wachsen zu können. Wenn man ein Hemd oder eine Bluse zwei Jahre nicht angezogen hat, ist dies ein sicheres Zeichen dafür, dass das Kleidungsstück nur noch als Staubfänger dient. Brauche ich wirklich das spritfressende Ungetüm vor der Tür, um zur Arbeit zu kommen? Lese ich den Roman, der mir als Jugendlicher so viel Spaß gemacht hat, wirklich noch einmal? Ist es notwendig, zwölfteiliges Silberbesteck im Schrank zu haben? Na ja, es könnte ja mal die Queen vorbeischauen...

e)   Erwartungen beeinflussen

Menschen sind in der Lage, zukünftiges Geschehen vorherzusagen. Diese Erwartungen berechnen sie auf der Basis individueller Erfahrungen, der handelnden Personen und äußeren Umstände. Erwartungen haben jedoch die unangenehme Eigenschaft, dass sie das eigentliche Erleben – wenn es soweit ist – positiv oder negativ beeinflussen können. Wenn der Student erwartet, bei der Prüfung durchzufallen, steigt die Wahrscheinlichkeit, dass er wirklich durchfällt. Wer in einem Nobelrestaurant isst, erwartet einfach, dass es besser schmeckt als an der Wurstbude, und es schmeckt dann auch besser. Untersuchungen zum Einfluss von Erwartungen auf unser Geschmacksempfinden haben Erstaunliches zutage gefördert. Unterschiedliche Weingläser zum Beispiel, die ja das Bukett des jeweiligen Getränks hervorheben sollen, haben rein gar keinen Einfluss auf den Geschmack, wenn man den Menschen die

Augen verbindet. Das Auge trinkt nicht nur mit, es steuert auch die Erwartung an den Wein, die unser Gehirn dann auch bestätigt sehen (schmecken) möchte.

Andere Versuche zeigen, dass auch der Preis des Weins den Geschmack bestimmt. Probanden bevorzugten den Wein aus einer teuren Flasche, obwohl in der preiswerteren derselbe war. Positiv lassen sich Erwartungen im Marketing nutzen, auch wenn es darum geht, sich selbst als Person zu vermarkten. Dazu muss man sich in den jeweils anderen hineinversetzen und sich fragen: Was erwartet diese Person, wenn ich sie treffe? Die ausgewählte Kleidung, der Ort des Treffens, die Wortwahl, das mitgebrachte Material... alle Sachverhalte, mit denen ich kommuniziere, können so angelegt sein, die vermuteten Erwartungen zu bestätigen oder zu übertreffen. In besonderen Fällen kann es auch angebracht sein, die Erwartungen zu brechen, indem man das genaue Gegenteil von dem macht, was der andere erwartet. Dann bleibt man sicher sehr lange in Erinnerung.

f) Glauben oder Wissen

Das meiste Wissen, welches wir in unserem Kopf gespeichert haben, ist kommuniziertes, basiert also gar nicht auf eigenem Erleben. Das ist auch nicht verwunderlich, verdoppelt sich doch das Wissen der gesamten Menschheit innerhalb eines Jahrzehnts. Jeder Mensch nimmt jeden Tag eine Menge dieser Informationen auf und baut einen Teil davon in sein ganz individuelles Weltbild ein. Dieses wiederum beruht auf eigenen Erfahrungen, wird beeinflusst von eigenen Emotionen, individuellen Bewertungen und Zielen. Heraus kommen Weltbilder, die eins gemeinsam haben: sie sind zutiefst individuell. Dies aber ist uns nicht bewusst, denn wir denken, die anderen müssten die Welt um uns herum genauso sehen. Aus dem Widerspruch zwischen individueller Weltsicht und scheinbar objektiver Realität erwachsen täglich Missverständnisse, die uns allen das Leben schwer machen. Viel wäre schon getan, wenn die vielbeschworene Toleranz dem anderen gegenüber sich auch in unseren Köpfen durchsetzen würde. Wer sich bewusst ist, dass der andere eine andere Sicht auf denselben Sachverhalt hat, wird leichter Kompromisse eingehen können oder in verzwickten Situationen Lösungen finden.

Ein Phänomen, das dem Glauben Vorschub leistet, ist der so genannte Vertrautheitseffekt. Er besagt, dass uns Dinge und Sachverhalte, mit denen wir öfter oder immer zu tun haben, vertrauter und näher sind. Das bezieht sich auf Menschen ebenso wie auf Essen, alle Produkte aus dem Supermarkt und Handlungen. Ein Versuch hat sogar ergeben, dass uns jene Buchstaben, die in unserem Namen vorkommen, vertrauter sind.

Der Effekt lässt sich auch auf Religionen, dem eigentlichen Hort für Glaubensangelegenheiten, beziehen. Menschen, die von früher Kindheit an mit den Geschichten von Jesus vertraut gemacht werden, glauben daran, obwohl sie natürlich auch die Möglichkeit haben, einen anderen Glauben anzunehmen. Bei Religionen wird besonders deutlich, dass bei permanenter Wiederholung Sachverhalte aus dem Bereich Glauben in den Bereich „Wissen" überwechseln. Dieser Mechanismus funktioniert auch in unserem Alltag. Produkte, die wir im Fernsehen, auf Plakaten und im Supermarktregal immer wieder sehen, werden uns vertraut. Ein Auto, das uns über Jahre gute Dienste leistet, wird uns vertraut, so dass das Nachfolgemodell aus derselben Fabrik kommt (obwohl die Pannenstatistik uns rät, ein anderes Fahrzeug zu kaufen). Hinzu kommt der Effekt der Bestätigungstendenz. Wir suchen vor allem jene Informationen, die unser Weltbild und unsere Ansichten bestätigen. Dadurch wird ein Kreislauf in Gang gesetzt, der Neues nur noch schwer integrierbar macht.

Um die Falle zu umgehen, die uns Glauben, kommuniziertes Wissen, Vertrautheitseffekt und Bestätigungstendenz gestellt haben, helfen folgende Strategien: Fakten suchen, die möglichst aus einer unabhängigen Quelle stammen. Bei der Bewertung dieser Fakten die bereits gespeicherten Gedanken und Ideen möglichst unterdrücken. Neues unvoreingenommen betrachten und als Chance begreifen, mit diesem Neuen viele Schritte weiterzukommen.

g) Urteile und Fehlurteile

Dass sich das Gehirn eine individuelle Realität zusammenbastelt und diese ins Bewusstsein spiegelt, haben wir bereits an verschiedenen Stellen gesehen. Diese individuelle Realität ist eine Ursache für Urteile, die häufig Fehlurteile sind, ohne dass wir dies überhaupt ahnen. Ein anderer Grund liegt in der viel zu begrenzten Zahl an Kriterien, die es uns erlauben, ein Urteil zu fällen. Da wird über den jungen Mann mit dem Irokesenschnitt und der zerrissenen Jeans sofort das Urteil gefällt: Assi oder Punk. Ein einziges Kriterium wird verwendet, um den gesamten Menschen sofort in eine Schublade zu stopfen. Dabei handelt es sich bei dem scheinbaren Punk um einen Klavierschüler der Meisterklasse, der mitnichten Punk-Musik, sondern Mozart in Vollendung spielt. Diesem ersten Eindruck kann man sich kaum entziehen, allerdings ist es möglich, ihn sich immer wieder bewusst zu machen.

Fehlurteile resultieren auch aus der Tatsache, dass sich unser Gehirn auf den Inhalt von Meldungen, Nachrichten, Aussagen konzentriert und nicht darauf, ob diese überhaupt wahr und zuverlässig sein können. Beweise dafür finden wir in Gerüchten und Behauptungen, die sich im Nachhinein als solche herausstellen. Im Gehirn wird daraufhin die Meldung nicht gelöscht oder als falsch gekennzeichnet; sie wird meist mit dem Gedanken verbunden: Etwas Wahres wird schon dran sein…

h)   Verstehen als Illusion

Wissenschaftliche Bibliotheken sind voll mit Literatur, welche die Vergangenheit deutet. Das ist auch gut so, denn nur aus der Kenntnis der Geschichte heraus kann man die Gegenwart verstehen und Fehler vermeiden. Wirklich? Wer zum Beispiel am Ende eines Tages das Geschehen rekapituliert, wird feststellen, dass eine andere Person dasselbe Ereignis aus einem anderen Blickwinkel betrachtet, es anders bewertet, andere Schwerpunkte setzt und Details, die ich selbst als wichtig erachte, gar nicht bemerkt. Wenn nun Personen das Geschehen erklären, an dem sie gar nicht beteiligt waren, das sie nur vom Hörensagen oder aus schriftlichen Quellen kennen, wird die Sache nicht einfacher. Das Geschehen läuft nun durch mindestens zwei subjektive Filter, jenen des Zeitzeugen und jenen des Interpreten. Dessen sind sich Historiker wohl bewusst. Darum versuchen sie, möglichst viele unterschiedliche Quellen anzuzapfen und auszuwerten, um das tatsächliche Geschehen rekonstruieren zu können. Der Psychologe und Nobelpreisträger Daniel Kahneman zeigt am Beispiel Wirtschaftsliteratur, wie diese Vorstellung, wir könnten die Welt im Detail und als Ganzes verstehen, wirkt und warum sie entsteht:

„Geschichten über den Aufstieg und Fall von Unternehmen stoßen bei Lesern auf Resonanz, weil sie das anbieten, was der menschliche Intellekt braucht: eine einfache Botschaft von Sieg und Niederlage, die eindeutige Ursachen identifiziert und die bestimmende Macht des Zufalls sowie die Unvermeidlichkeit einer statistischen Regression ausblendet. Die Geschichten lösen eine Illusion des Verstehens aus und erhalten sie aufrecht, und sie vermitteln dem Leser, der sie allzu bereitwillig glaubt, Lektionen, die ihm keinen dauerhaften Nutzen bringen" (Kahneman 2011: 257).

i) Experten und ihre Fehlbarkeiten

„Laß dir von keinem Fachmann imponieren, der dir erzählt: ‚Lieber Freund, das mache ich schon seit zwanzig Jahren so!' – Man kann eine Sache auch zwanzig Jahre lang falsch machen" (Tucholsky 1989: 30). Dieses oft zitierte Bonmot von Kurt Tucholsky bringt es auf den Punkt. Fachleute, die eine Tätigkeit seit vielen Jahrzehnten erfolgreich ausüben, unterliegen der Illusion des Verstehens in einer ganz besonderen Weise. Weil ein Handwerker eine bestimmte Tätigkeit über Jahrzehnte ausübt, glaubt er irgendwann, auch zu durchschauen, warum er das tut und auf welcher Grundlage. Daraus resultiert eine gewisse Sicht mit den berühmten Scheuklappen, die wiederum Entwicklung weitgehend verhindert. Wenn zum Beispiel die mittelalterlichen Mönche Bücher mühsam per Hand abschrieben, konnten sie gar nicht auf die Idee kommen, dass man das gesprochene Wort auch auf eine andere Weise materiell übertragen kann. Notwendig ist darum, gerade als Fachmann, sich auch von seiner Sicht der Dinge zu lösen, die Adlerperspektive einzunehmen, sein fachmännisches Handeln kritisch zu befragen oder andere Menschen diese Arbeit begutachten zu lassen.

j) Die Quelle ist nebensächlich

Bei Jugendlichen, die mit dem Internet aufgewachsen sind, wurde ein erstaunlicher Mangel an Distanz zu den dargestellten Inhalten festgestellt. Sie übernehmen kritiklos die Informationen, ohne zu fragen, aus welcher Quelle diese stammen. Eben weil im Internet jeder (fast) alles veröffentlichen darf, sind diese Daten mit besonderer Vorsicht zu verwenden. Aber auch ohne Internet ist bei Menschen das Bewusstsein für die Quelle schlecht ausgeprägt. Wir übernehmen Inhalte und speichern jene Teile, die zu unserem bisherigen Wissen passen. Die Quelle hingegen verlieren wir schnell aus dem Fokus, denn sie ist für unser Gehirn meist uninteressant. Sehr schön lässt sich dieses Phänomen bei Gerüchten beobachten, die irgendjemand in die Welt gesetzt hat. Besonders glaubwürdig erscheinen diese, wenn jemand sie aufgeschrieben hat – frei nach dem Motto des von Mephisto an der Nase herumgeführten Schülers: „Denn was man schwarz auf weiß besitzt, kann man getrost nach Hause tragen." Zwar nimmt die Menge des Wissens in unserer Zeit unwahrscheinlich schnell zu, unser Gehirn kann sich aber nicht so schnell an diesen stetigen Zuwachs anpassen. So wissen wir zunehmend von vielen Sachgebieten etwas, ohne bei den meisten wirklich mitreden zu können. Im Gegensatz dazu steht die pluralistische Meinungsvielfalt, bei der jeder zu jedem Thema seinen Senf dazugeben darf. Beobachten lässt sich das bei so genannten Talk-Runden, wenn immer dieselben Talk-Gäste über immer andere Themen reden und scheinbar objektiv diskutieren. Da möchte man manchmal rufen: Dreht Ihnen das Wort ab, denn sie wissen nicht, wovon sie reden!

k) Übervolle Reizlandschaft

Die Reize, welche unser Gehirn jeden Tag erreichen, kann es nicht verarbeiten. Trotzdem glauben wir, unser Leben im Griff zu haben. Diesen Trugschluss gaukelt uns das Gehirn vor, weil wir sonst nicht lebensfähig wären. Wenn nämlich all die Unwägbarkeiten, Gefahren, Möglichkeiten ständig ins Bewusstsein dringen würden, könnten wir vor lauter Angst keinen Schritt aus dem Haus tun. Verstärkend wirkt, dass uns Medien und Konsumwelt Perfektion vorgaukeln, die in der Natur nicht vorkommt. Models mit Traum-Maßen, Traum-Teint und Traum-Figuren vernebeln uns das Hirn, weil es diese Träume nicht als unreal bewerten kann; zumindest kann es das Unbewusste nicht. Das Resultat ist Unzufriedenheit, aus der wiederum das Bedürfnis erwächst, sich die Träume – möglichst ohne Anstrengung natürlich – zu erfüllen. Casting-Shows und Schönheits-Chirurgen profitieren davon genauso wie Fernsehsender und die Bekleidungs- und Kosmetik-Industrie.

Verschärfend wirken sich Reize aus, die in der Natur nicht vorkommen, aber fleißig konsumiert werden, Beispiel Werbeblöcke: Weil jeder Spot in möglichst kurzer Zeit möglichst viele Informationen unterbringen will, hat sich eine Kultur der schnellen Schnitte, abrupt wechselnder Szenen und überlauter Musik entwickelt, mit denen unsere Sinne eindeutig überfordert sind. Weil viele Spielfilmregisseure mit Werbung angefangen haben, ist diese Marotte auch in abendfüllenden Filmen zu sehen. Wer sich heute den Film „Spiel mir das Lied vom Tod" anschaut, wird vielleicht nach zwanzig Minuten abschalten – diese langen Einstellungen erträgt man heute einfach nicht mehr. Auch in Konzertsälen ist dies zu erkennen. Wenn man zum Beispiel historische Aufnahmen mit aktuellen vergleicht, ist ein Unterschied oft deutlich zu hören: Noch vor zwanzig bis dreißig Jahren wurden viele Konzerte und Sinfonien insgesamt langsamer gespielt.

l)   Leicht abzulenken

Wenn diese Fehlleistung, besser, diese Unzulänglichkeit unseres Gehirns nicht wäre, könnte eine Berufsgruppe einpacken: Zauberkünstler. Die Magier lenken unser Gehirn ab, bringen es auf eine falsche Spur, ziehen unsere Aufmerksamkeit auf Nebensächlichkeiten, damit wir nicht merken, woher der Hase im Zylinder jetzt eigentlich kommt. Das Gehirn lässt sich leicht ablenken. Die Ursache liegt wieder mal in der begrenzten Kapazität des Arbeitsgedächtnisses.

Ausnutzen kann man dies aber auch. So hat es sich – kein Witz – als sehr hilfreich erwiesen, während einer Verhandlung mit (männlichen) Geschäftspartnern im Raum eine junge attraktive Frau teilnehmen oder sie Getränke reichen zu lassen. Polizisten lenken die Aufmerksamkeit bei Verhören auf Nebensächlichkeiten. Leichte Hintergrundmusik nimmt einen Teil der bewussten Aufmerksamkeit in Anspruch, genauso wie überdimensionierte Bilder. Es lohnt also, sich vor schwierigen Aufgaben die Frage vorzulegen, wie die jeweils andere Seite abgelenkt, wie ein Teil der Aufmerksamkeit auf etwas völlig Nebensächliches gelenkt werden kann. Andererseits sollten wir darauf achten, nicht selbst abgelenkt zu werden und alle Störquellen ausschalten.

1.5 Das Gehirn hinter dem Bauchnabel

Die Hauptaufgabe des Darms ist nicht leicht zu erledigen, denn immerhin muss er während eines langen Lebens durchschnittlich dreißig Tonnen Nahrung und fünfzigtausend Liter Flüssigkeit verarbeiten. Ein Standard-Container, der 6 x 2,5 x 2,5 Meter misst, fasst maximal vierundzwanzig Tonnen. In eine übliche Badewanne passen ungefähr 250 Liter. Der Darm verarbeitet also mindestens den Inhalt eines Containers und von zweihundert Badewannen. Verdauen und Transportieren sind aber bei weitem nicht die einzigen Aufgaben des Darms…

„Das macht mir Bauchschmerzen." „Ich höre dabei ganz auf meinen Bauch." „Vertrau deinem Bauchgefühl." Solche Bemerkungen und Wendungen wurden noch vor wenigen Jahren metaphorisch oder zumindest als indirekt gemeint verstanden. Heute bezeichnen auch skeptische Wissenschaftler den Darm als zweites Gehirn. Die unterschiedlichen Teile des Darms zwischen Magen und Ausgang sind nicht nur Teil des Verdauungssystems. Sie haben nicht nur die Aufgabe, die Nahrung für den Körper zu verwerten und die Reste auszuscheiden – das auch. Mittlerweile ist klar geworden, dass der Darm im wörtlichen Sinne wie ein zweites Gehirn funktioniert. Er hat seinen ganz eigenen Kopf, arbeitet selbstständig und kommuniziert mit den Grauen Zellen weiter oben.

Wer schon einmal ein Koaxial-Kabel für die Satellitenschüssel aufgedröselt hat, sieht in der Mitte einen Kupfer- oder Aluminiumkern. Nach einer Isolierschicht folgt ein kreuzweise geflochtenes Netz aus kleineren Drähten. So ungefähr kann man sich auch den Darm vorstellen; mit dem Unterschied, dass mehrere Schichten übereinanderliegen und der Innenraum hohl ist. Das verzweigte Netz aus dünnen Drähten entspricht im Darm einer Schicht, die aus Hunderten Millionen Nervenzellen besteht und die miteinander „verdrahtet" sind. Das ist zwar im Vergleich zum eigentlichen Gehirn recht wenig, erstaunt aber dennoch.

Weil er verschiedene Aufgaben parallel zu erledigen hat, besitzt unser Darm diese Nervenzellen, die außerhalb des Zentralen Nervensystems die größte Ansammlung bilden. Es sind dieselben Arten, die auch im ZNS zu finden sind: Zellen, die Reize wahrnehmen, solche, die miteinander „kommunizieren" und solche, welche die Bewegung des Verdauungsorgans steuern. Hinzu kommen Millionen so genannter Gliazellen, die – wie im eigentlichen Gehirn auch – die Arbeit der Nervenzellen unterstützen. Diese Erkenntnisse lesen sich vielleicht unspektakulär, sie sind aber das genaue Gegenteil: Nervenzellen in einem Organ, dem wir bisher lediglich zutrauten, sich um die Nahrung zu kümmern! Noch viel interessanter ist, was der Darm mit all diesen Neuronen anfängt, warum er sie überhaupt hat und was dies alles mit unserem eigentlichen Gehirn zu tun hat.

Zuerst einmal die wenig erfreuliche Nachricht: Unser Darm agiert autonom und unabhängig vom Gehirn. Wir können nicht steuern, wie er die Nahrung verdaut, wann er verschnupft reagiert oder auf einen Schlag alles loswerden will. Er kommuniziert mit dem Gehirn, aber nicht paritätisch und gleichberechtigt. Die Informations-Autobahn zwischen Darm und Hirn ist auf der Spur zum Gehirn rammelvoll; die Gegenspur gleicht aber einer wenig befahrenen Landstraße. Mit anderen Worten: Neunzig Prozent der ausgetauschten Informationen gehen von unten nach oben, nur zehn Prozent von oben nach unten. Das Kuriose daran: Unser Neocortex, der Sitz des Bewusstseins, bekommt davon nichts mit. Das ist nicht etwa negativ, sondern positiv. Wenn uns nämlich ständig bewusst würde, was dort unten vor sich geht, wären wir nur noch damit beschäftigt, die Verdauung zu bemerken, zu überwachen oder auch einzugreifen. Andererseits spüren wir in der Regel nur negative Auswirkungen, wenn also irgendetwas nicht in Ordnung ist.

Aber auch mit sich selbst hat das Darm-Hirn genug zu tun. Die Nervenzellen steuern, wie viel Nahrungsbrei durchgeschoben wird, welche Nährstoffe ausgesondert und in den Blutkreislauf übernommen werden. Dazu bedienen sich die Nervenzellen – wie jene im Oberstübchen – bestimmter chemischer Botenstoffe, den Neurotransmittern. Weil auch im Darm Serotonin und Adrenalin vorhanden sind, gehen Biologen mittlerweile davon aus, dass die Darmzellen miteinander ähnlich kommunizieren wie ihre Brüder und Schwestern weit oberhalb. Das ist auch aus einem anderen Grund wichtig, denn der Darm ist in erster Linie dafür verantwortlich, unser Immunsystem in Ordnung zu halten. Dabei wird er von mikroskopisch kleinen Tieren unterstützt, deren Leistungen wir gar nicht hoch genug einschätzen können. Die Zahl dieser winzigen Mikroben übersteigt die Anzahl unserer Körperzellen um ein Vielfaches – sie reicht bis zum Zehnfachen. Diese Mini-Tierchen schützen uns vor Allergien, sie sind der wichtigste Garant für ein stabiles Immunsystem, sie produzieren Vitamine, Antikörper, und machen Giftstoffe unschädlich. Für diese Arbeit benötigen die kleinen Arbeiter natürlich Energie, die sie aus ungefähr zwanzig Prozent unserer Nahrung gewinnen.

Wer nun eine Fastenkur macht und im ersten Schritt eine „Grundreinigung" des Darms vornimmt, schwemmt auch all diese guten Mikroben mit aus und muss sie anschließend mühsam wieder ansiedeln. Auch weil die Zusammensetzung der Mikroben-Stämme von Mensch zu Mensch unterschiedlich ist, sollte man darauf verzichten, seinen Darm ganz bewusst komplett zu leeren. Die vielfach beschworene Darmreinigung findet permanent statt, so dass unser Körper nicht darauf angewiesen ist, diese in bestimmten Abständen vorzunehmen – vor der modischen Fastenwelle hat das auch kaum jemand getan.

Kritisch wird es, wenn aufgrund fehlerhafter Ernährung oder bei Krankheiten und dauerhafter Einnahme von Medikamenten die falschen Mikro-Organismen angesiedelt sind. Dann reagiert der Körper mit verschiedenen Symptomen, die wir bisher nicht mit dem Darm in Verbindung gebracht haben. Er leidet an Erschöpfung oder Schwindel. Das Gehirn (oben) kann dann seine Denkarbeit nicht mehr optimal vollbringen. In schlimmeren Fällen werden die betreffenden Personen aggressiv. Auch Migräne wird mittlerweile mit der Ernährung und den Mikro-Organismen in Beziehung gebracht. Genug Gründe also, den Darm gesund zu erhalten und den Mikroben jene Nahrung zu geben, welche sie benötigen. Das sind so genannte Präbiotika, die vor allem in Joghurt und anderen Milchprodukten vorhanden sind. Damit aber immer noch nicht genug der guten Nachrichten:

Die Darmflora (Müsste sie nicht eigentlich Fauna heißen?) ist vermutlich auch aktiv an der Kommunikation zwischen den beiden Gehirnen beteiligt. Über einen bestimmten Nerv senden die Mikro-Organismen wahrscheinlich Signale an das Gehirn und können so auch auf direktem Weg unsere seelische Verfassung beeinflussen. Probiotische Nahrungsmittel – das bestätigen erste Untersuchungen – besitzen auch eine antidepressive Wirkung, wobei noch nicht ganz klar ist, wie das geschieht.

Auch wenn es unwahrscheinlich klingt, Depression ist nicht nur eine psychische Angelegenheit, sie hat auch etwas mit der Gesundheit unseres Darms und unserer Ernährung zu tun. Einige Wissenschaftler haben herausgefunden, dass sich sogar schwere Formen einer Depression mit einer Nahrungsumstellung und vor allem einem Fett bekämpfen lassen, dem so genannten Omega-3. Babys bekommen es im

Bauch ihrer Mutter über die Nahrung, nach der Geburt über die Muttermilch. Weil dann aber der Mutter selbst dieser notwendige Stoff fehlt, ist dies eine Ursache für die oft vorhandene Depression während und nach der Schwangerschaft.

Der französische Mediziner und Psychiater Servan-Schreiber behandelt Patienten, die an schweren Depressionen leiden, mit hochdosiertem Omega-3, das zum Beispiel in Fischölkapseln zu finden ist. Damit schafft er es sogar bei einigen Patienten, die Depressionen vollständig zu beseitigen. Andere Forscher wiederum haben nachgewiesen, dass Psychotherapie das so genannte Reizdarm-Syndrom effektiver lindern kann als Medikamente. Dies sind Beweise, wie eng die Verbindungen zwischen Darm, Gehirn, Nahrung und Psyche sind. Wenn wir nun die Ernährungsgewohnheiten der westlichen Industriegesellschaft betrachten, wird klar, warum Depressionen und andere Krankheiten, die mit dem Darm zu tun haben, hier auf dem Vormarsch sind, in Japan aber auf einem vergleichsweise niedrigen Stand verharren. Die Japaner essen einfach mehr Fisch. Eine andere, leicht zugängliche Quelle für Omega-3 sind Leinsamen und verschiedene Nüsse. Wer es nicht schafft, seinen Omega-3-Haushalt optimal zu halten, sollte auf Nahrungsergänzung zurückgreifen, die auf biologischer Basis, nicht künstlich also, hergestellt wird.

1.6 Entscheiden mit Hirn und Bauch

Sie gehört zu unseren wichtigsten Tätigkeiten während des Tages – Entscheiden. Es beginnt schon morgens bei der Wahl der Kleidung und endet abends bei der Uhrzeit, um endlich ins Bett zu gehen. Weil wir einerseits glauben, dass unser rational arbeitendes Gehirn die Oberhand besitzt und wir andererseits zum Abwägen erzogen wurden, glauben wir, in den meisten Fällen rational zu entscheiden. Leider hat sich aber auch dieser Glaube als Irrglaube herausgestellt. Auch wenn wir denken, eine Handlung beruhe auf rationalen Erwägungen, dann ist dem in vielen Fällen unseres Alltags gar nicht so. Beispiel kaufen:

In einem Supermarkt treffen Menschen durchschnittlich zwei Drittel aller Kaufentscheidungen erst am Regal. Dagegen kann man sich mit einem Einkaufszettel wappnen. Wenn darauf allerdings das Wort *Butter* steht, fällt die Entscheidung für die Marke trotzdem oft genug erst am Regal. Wenn nämlich die Markenbutter, deren Verpackung glückliche Kühe auf einer saftigen Wiese zeigt, gerade im Angebot ist, lassen wir die noch preiswertere aus der Region liegen und greifen zu. Das Bild hat positive Emotionen und eine Reihe ebensolcher Gedanken aktiviert, die allesamt zum Kauf (ver)führen. Auch andere Dinge werden vor allem unbewusst gekauft. Der bekannte Satzanfang „Ich brauche…" entpuppt sich in den meisten Fällen als glatte Lüge, denn er müsste heißen „Ich will…". Menschen kaufen nämlich oft, um Frust abzubauen, sich zu belohnen, als Ersatz oder um Status aufzubauen. Und mehr als ein Paar Schuhe kann man (und frau) sowieso nicht anziehen.

Was für das Einkaufen gilt, gilt leider auch für andere Entscheidungen. Wir sind evolutionär darauf geeicht, bei Entscheidungen der Gegenwart, dem aktuellen Geschehen und unserer derzeitigen Lage den Vorzug einzuräumen vor einer nur in unserem Kopf entstehenden Zukunft. Man kann das auch salopper formulieren: Was schert mich der nächste Tag, das Jetzt ist wichtig.

Dies hängt in gewisser Weise auch mit einer falschen Vorstellung zusammen, die Wirtschaftswissenschaftler lange Zeit hegten. Noch heute gehen einige von ihnen vom Bild des homo oeconomicus aus. Diese theoretische Vorstellung besagt, dass wir uns in erster Linie rational verhalten. Als Konsumenten versuchen wir – rational – unseren Nutzen zu maximieren, als Produzenten – ebenfalls rational – unseren Gewinn zu vergrößern. Diese Vorstellung wurde in den vergangenen Jahren von Neurologen und Psychologen so heftig attackiert, dass kein vernünftiger (und rational denkender) Wirtschaftswissenschaftler mehr daran festhält. Der Neurologe Kevin Dutton fasst die Erkenntnisse zum Entscheiden so zusammen: „Unsere Gehirne sind nämlich träge Gewohnheitstiere. Anstatt Entscheidungen aufgrund frischer Zutaten zu treffen, bevorzugen sie Fertiggerichte, massenhaft angereichert mit Vermutungen, Unterstellungen und vorgefertigten Überlegungen" (Dutton 2011: 100).

Wenn Menschen sich für oder gegen etwas entscheiden, dann spielen eine Reihe Faktoren auf der unbewussten Ebene mit, welche diese Entscheidungen nachhaltig beeinflussen können. Zuerst einmal sind es die individuellen Erfahrungen, die jeder Mensch im Laufe seines Lebens angehäuft hat. Wer, wie die Romanfigur Robert

Langdon, als Kind in einem Brunnen feststeckte, entscheidet sich lieber für Treppen als für Fahrstühle, weil diese Käfige genau das klaustrophobische Gefühl von damals aktivieren. Wer sich in der Kindheit nach viel zu vielen Erdbeeren übergeben musste, wird diese in den kommenden Jahren erst einmal meiden. Zugleich wird ihm bereits bei dem entsprechenden Aroma schlecht werden. Auch eine Erinnerung des Bauchhirns also?

Zu den eigenen Erfahrungen gesellen sich Emotionen, die wiederum im Limbischen System entstehen. Weil Menschen immer darauf aus sind, Negatives zu meiden und Positives zu erfahren, geben sie auch jenen Sachverhalten den Vorzug, die an positive Emotionen gekoppelt sind oder diese versprechen. Dazu gehören heute viele kurzzeitig wirkende Erlebnisse, welche uns von einer überbordenden Freizeit-Industrie versprochen werden. Warum soll ich abends eine (anstrengende) Runde laufen? Fernsehen mit Chips und Bier verspricht positive Gefühle. Warum soll ich das Fernstudium doch noch beenden? Der alte Job geht doch auch noch ganz gut.

Ein uns wahrscheinlich allen vertrautes Beispiel für nicht-rationales Entscheiden ist der Umgang des Menschen mit dem lieben Geld. Für die meisten Menschen hören zwar genau hier angeblich der Spaß und die Gefühle auf, andererseits aber entscheiden wir gerade hier oft völlig unlogisch. So empfinden wir zum Beispiel den Unterschied zwischen 1 und 2 Euro als bedeutender und größer als jenen zwischen 101 und 102 Euro. Das liegt unter anderem daran, weil sich im ersten Fall das gesamte Geld auf einen Schlag verdoppelt hat. Dies als Webersches Gesetz bekannt gewordene Phänomen liegt auch in unserer Vergangenheit begründet. Menschen besitzen, wie viele Tiere, eine vage Vorstellung von mehr und weniger. Diese wiederum ist vor allem an Nahrungsmittel geknüpft, die es gilt, einzusammeln oder zu jagen. Unglücklicherweise sind ähnliche Gedanken und Auffassungen auch dann im Spiel, wenn es ums Geld geht. Nicht erst seit den großen Bankenkrisen der letzten Jahre wissen Psychologen, wie stark wir in Geldfragen irrational entscheiden. Menschen kaufen Aktien, obwohl sie weder das Unternehmen kennen, den Markt und das System nicht verstehen (Gier?). Auch die berühmten Rabatte und Preisnachlässe sind beredtes Beispiel. Weil tief in unserem Gehirn die Angst vor Verlust eingegraben ist, werden wir bei Rabatten hellhörig. Wer sich diese einmalige, unwiderrufliche, niemals wiederkommende Möglichkeit entgehen lässt, verliert nämlich genau den Teil des Geldes, den er hier spart. Unlogisch? Natürlich, aber so funktionieren wir.

Neben individuellen Erfahrungen und Gefühlen lassen sich Menschen auch von Bildern und der äußeren Gestaltung bzw. der Präsentation einer Sache in ihren Entscheidungen lenken und leiten. Auch dies geschieht in den meisten Fällen unbewusst; wir merken es also gar nicht. Auch hier Beispiele aus dem Bereich Verkauf, die jeder sofort nachprüfen kann:

Obwohl noch keiner so genau weiß, warum es funktioniert – in den meisten Supermärkten zwingt man uns dazu, entgegen dem Uhrzeigersinn zu laufen. Die teuersten Waren befinden sich in Augenhöhe, nach den preiswerteren muss man sich bücken. Obst- und Fleischauslagen werden mit speziellem Licht ausgeleuchtet, das einerseits Frische suggeriert, andererseits eine heimelige Wohlfühlatmosphäre schafft. Die seichte Hintergrundmusik verlangsamt unseren schnellen Schritt genauso wie Barrieren, die nicht von ungefähr eine schnelle Fahrt mit dem Wagen verhindern. Komisch nur, dass ausgerechnet immer Super-Schnäppchen-Angebote unseren Weg kreuzen und diese die bereits benannte Verlustangst aktivieren.

Damit aber noch nicht genug mit den Tricks der Supermarkt-Ketten. Obststände begrüßen den Kunden mit einem (oft künstlich erzeugten) Duft reifer Früchte, vom Stand der Backwaren her schnuppern wir den Geruch frischen Brotes. Scheinbar vergleichbare Produkte einer Kategorie sind gar nicht miteinander zu vergleichen, weil sie zum Beispiel unterschiedliche Mengen beinhalten. Große Verpackungen mit wenig Inhalt führen unser System EINS genauso in die Irre wie riesige Einkaufswagen, die am Ende eines langen Einkaufsgangs nur halb gefüllt sind.

Wer Toastbrot kauft, bemerkt in seinem peripheren Gesichtsfeld automatisch eine Schoko-Nougat-Creme. Auch die Tomatensaucen stehen nicht zufällig gleich neben den Nudeln. Wer ein ganzes Regal mal von links nach rechts betrachtet, wird bemerken, dass die teuren Produkte oft rechts stehen. An der Kasse angelangt, sind dann die letzten beiden Hürden zu nehmen. Kinder (und wir selbst) müssen durch die „Quengelzone", ohne die übertreuerten Kleinigkeiten noch schnell auf das Band zu legen. Beim Bezahlen selbst sollten wir uns angewöhnen, diesen Geld-Verlust mit Bargeld vorzunehmen und nicht mit der Karte, denn Bares ist nicht nur Wahres. Weil wir sinnlich wahrnehmen, was wir verlieren, tut dieser Verlust besonders weh. Darum dürfen wir beim nächsten Mal darauf hoffen, bewusster einzukaufen, um am Ende weniger von den Scheinen und Talern loszuwerden.

Ein Experiment aus dem Bereich Verkaufen führt uns schließlich zu einer Strategie, um möglichst oft die richtigen Entscheidungen zu treffen. Bei dem Versuch baute man vor den nichtsahnenden Kunden vierundzwanzig Sorten Marmelade auf. Rund drei Prozent kauften. Wenn man die Anzahl der Wahlmöglichkeiten auf sechs verringert, kaufen fast dreißig Prozent. Ganz offensichtlich ist es oft besser, wenig Zeit und weniger Wahlmöglichkeiten zu besitzen. Ein anderer Hinweis auf bessere Entscheidungen resultiert aus einer aufsehenerregenden Geschichte mit Kunstexperten. Ihnen wurde ein Kunstwerk angeboten und – natürlich – als echt angepriesen. Auch die wissenschaftliche Expertise bestätigte die Echtheit. Trotzdem haben die Experten nicht gekauft, denn das Bauchgefühl sagte den Profis: Irgendetwas stimmt hier nicht. Sie behielten Recht.

Der Neurologe Gigerenzer macht darauf aufmerksam, dass unter bestimmten Bedingungen Bauchentscheidungen zu besseren Resultaten führen können als rationale, welche Argumente gegeneinander abwägen: Wenn im Unbewussten viele Informationen schlummern, andererseits zu viele Wahlmöglichkeiten bestehen oder der Aufwand einfach zu groß ist, um Informationen zu besorgen, können wir dem Bauch bzw. dem System EINS vertrauen. Hinzu kommt, keine wichtigen Entscheidungen zu fällen, wenn wir müde oder abgespannt sind. Auch wenn die wenigen Ressourcen des bewusst agierenden Neocortex gerade mit einer anderen Aufgabe beschäftigt sind – so simpel diese auch erscheinen mag – sollte die Entscheidung besser verschoben werden. Auch das „Nochmal-darüber-Schlafen" hat seinen tieferen Sinn, denn wir geben damit dem Gehirn gezielt andere Zugänge, sich mit der Aufgabe auseinanderzusetzen. Zugleich werden dadurch die Emotionen als bestimmendes Element zumindest relativiert.

1.7 Emotionen – gut oder schlecht

Manche Forscher kennen einhundert von ihnen, andere wiederum sehen lediglich einige Grund-Emotionen, von denen sich alle anderen ableiten. Gefühle sind schwer zu greifen und zu untersuchen, weshalb sie bis vor einigen Jahrzehnten nicht gerade zu den Lieblingen der Forschung gehörten. Wie soll man auch den scheinbar plötzlichen Wutausbruch, den Moment des Sich-Verliebens, ein unbestimmbares, weil diffuses Gefühl der Abneigung untersuchen? Heute, im Zeitalter der Bild gebenden Verfahren, sieht das ganz anders aus – Emotionen avancieren zu Lieblingen der Forschung.

Gefühle galten viele Jahrhunderte lang als weiblich oder Gegenspieler rationaler, also gefühlsabgewandter Gedanken. Die Aufklärung stellt die Ratio ins Zentrum, die jungen Stürmer und Dränger in der zweiten Hälfte des 18. Jahrhunderts, und noch viel mehr die Romantiker, wieder Gefühle. Klar ist heute, dass Gefühle und rationelles Denken zusammengehören und zwei einander bedingende Seiten einer Medaille darstellen. Erschwert wird die Erforschung, weil Emotionen in Gebieten des Gehirns verarbeitet werden, an die unser Bewusstsein nicht herankommt.

Gefühle zeigen sich in körperlichen Reaktionen wie Schweißausbruch, verstärktem Blutfluss in verschiedenen Körperregionen, verändertem Herzschlag, geweiteten Pupillen… Was sich körperlich so stark manifestiert, kann gar nicht unnütz oder überflüssig sein, sondern muss für den Körper einen Sinn haben. Dieser ist – wieder einmal – in unserer Evolution zu suchen. Auch Gefühle sind maßgeblich daran beteiligt, dass wir uns so rasant entwickeln konnten. Sie schützen, warnen und bieten uns in kürzester Zeit wesentliche Entscheidungshilfen. Die Angst vor Schlangen, Spinnen und anderen Tieren dient dazu, Gefahren für den Organismus abzuwehren. Liebe ist der fühlbare Ausdruck dafür, dass es wahrscheinlich genetisch günstig ist, sich mit dem anderen zu paaren… auch wenn Romantiker und Duftkerzenaufsteller(-innen) jetzt empört aufschreien.

Verschiedene Wissenschaftler nehmen an, dass es sechs Grund-Emotionen gibt: Angst, Überraschung, Ekel, Trauer, Ärger, Freude. Diese zeigen sich über Kontinente und Ländergrenzen bei allen Menschen. Das ist ein Hinweis darauf, dass sie einerseits wichtig sind, andererseits eine evolutionär lange Entwicklung hinter sich haben. Wenn nun in verschiedenen Kulturen die eine oder andere dieser Emotionen nicht oder nur in bestimmter Weise gezeigt werden darf, dann ist dies eine kulturelle Überformung. Alle Gefühle jedoch sind überall auf der Welt vorhanden. Sie dienen dazu, den Menschen an seine Umgebung anzupassen, mit dieser angemessen zu interagieren und gesund überleben zu können. Jedes Gefühl hat seine bestimmte Aufgabe und auch Art und Weise, wie es unser Verhalten und Denken beeinflusst. Zugleich sind – von frühester Kindheit – daran beteiligt, unsere Persönlichkeit zu formen.

Sehen wir uns nun an, welche Bedeutung die wichtigsten Emotionen für uns Menschen besitzen. Wenn wir Freude empfinden und dies auch zeigen, dann erleichtert dies die Einbindung in soziale Gemeinschaften. Wer Freude empfindet, ist sicher, hat keine Angst, fühlt sich geborgen und stärkt die Gemeinschaft. Zugleich fördert dies die Bereitschaft, einander zu helfen und zu unterstützen. Wer depressiv in der Ecke hockt oder die Welt ausgesprochen pessimistisch betrachtet, wird kaum unterstützt, sondern eher gemieden. Trauer verstärkt ebenfalls die sozialen Bindungen. Zugleich besitzt sie wichtige Schlüsselrollen innerhalb der sozialen Gemeinschaft. Trauer erzeugt Sympathie, stützt Einfühlungsvermögen und selbstloses Handeln, den berühmten Altruismus. Besonders deutlich wird das bei Katastrophen, wenn die Spendenrate ansteigt.

Eine andere Emotion, Ärger, steht in keinem guten Ruf. Allerdings hätte die Evolution sie nicht hervorgebracht, wenn sie keinen positiven Aspekt für die Menschen brächte. Wenn Menschen sich ärgern, dann ist dies sichtbarer Ausdruck dafür, dass sie mit einer Situation, mit dem bestehenden Zustand oder den Handlungen der anderen unzufrieden sind. Wer aber unzufrieden ist, will und wird etwas ändern. Schlechtes, Negatives wird durch Ärger verstärkt und in seiner Bedeutung – manchmal übermäßig – hervorgehoben. Hier aber liegt ein Schlüssel für unsere Entwicklung. Wenn sich Herr Benz nicht über die mäßige Fortbewegung durch die Kutsche geärgert hätte, gäbe es kein Auto. Wenn ich mich nicht über mein niedriges Gehalt ärgern würde, bliebe ich tatenlos. Wenn Eltern sich nicht über herumliegendes Spielzeug der Kinder ärgern würden, wüssten die nicht, dass Aufräumen zum sozialen Frieden beiträgt. Wichtig zu wissen ist, dass Ärger nicht unbedingt mit aggressivem Verhalten verbunden werden muss. Dies gilt jedoch nur, wenn man den Ärger nicht rechtzeitig in die entsprechenden Bahnen lenkt, um Veränderungen zu initiieren.

Neben Freude und Ärger ist Ekel eines der wichtigsten Grundgefühle. Hier wird jedoch sehr schnell klar, wofür es da ist. Wenn Schimpansen- und Menschen-Babys bei ihren Müttern die Emotion am Gesichtsausdruck erkennen, wissen sie: Hände weg, das ist nicht gut für mich. Ekel schützt also unseren Körper vor ungenießbaren oder giftigen Substanzen. Er sorgt dafür, dass wir unsere engere Umwelt sauber halten und ist so eine Voraussetzung für Hygiene. Wenn ich mich vor dem grünen Schimmel auf dem Brot ekle, bewahrt der Ekel mich davor, das Brot zu essen. Ähnlich ist es mit der Angst. Der Satz mancher Eltern – auch heute noch – Jungen haben keine Angst, ist völlig deplatziert und kann sogar gefährliche Konsequenzen nach sich ziehen. Wer vor etwas Angst hat, reagiert auf eine Gefahr, die Leib und Leben bedrohen kann. Angst vor Spinnen und Schlangen ist tief in unseren Genen verwurzelt, denn es ist meist gar nicht gut, mit diesen possierlichen Tieren zu spielen. Auch die Angst vor tiefen Schluchten, Dunkelheit und fremden Geräuschen hat ihre überlebensnotwendige Berechtigung.

Nicht unbedingt überlebensnotwendig, aber dennoch ebenso wichtig ist Scham. Sie hängt eng mit der Angst zusammen. Scham wird definiert als Sorge um die Einschätzung der eigenen Person durch andere Menschen, als Angst, dass sich diese Einschätzung ins Negative wenden könnte. Letzten Endes steht dahinter also die Sorge, von der Gemeinschaft abgelehnt, aus ihr ausgegrenzt zu werden. Heute ist dies nicht mehr überlebensnotwendig, wohl aber bei unseren Vorfahren. Wer aus der Gemeinschaft ausgegrenzt wurde, konnte sich in einer feindlichen Umgebung oft nicht mehr allein am Leben halten. Innerhalb der Gemeinschaft hat Scham die Aufgabe, sich nicht allzu offen, extrovertiert oder aggressiv gegenüber den anderen Mitgliedern der Sippe aufzuführen. Sie dient also dazu, sich einzufügen und soziales Zusammenleben überhaupt zu ermöglichen.

Wenn Gefühle so wichtig sind für den Menschen, stellt sich die Frage, was sie in unserem Gehirn auslösen und ob sie andere Funktionen beeinflussen oder sogar stören können. Dazu müssen wir uns noch einmal klar machen, dass unser Gehirn hauptsächlich unbewusst arbeitet und nur ein Bruchteil dieser Arbeit ins Bewusstsein dringt. Genau hier aber setzen Gefühle an. Sie richten den Laser unserer Aufmerksamkeit neu aus und lenken damit unser Denken. Wer Angst vor Gewitter hat, wird sich kaum noch auf tröstende Worte oder rationale Argumente (auf dem Dach ist doch ein Blitzableiter) konzentrieren können; die Emotion bestimmt das Denken. Evolutionsbiologisch ist dies durchaus sinnvoll, denn an erster Stelle kommt es darauf an, den Körper zu schützen. Um diese Aufgabe erfolgreich lösen zu können, werden chemische Stoffe ausgeschüttet, um den Körper auf eine Reaktion vorzubereiten.

Emotionen wie Ärger und Angst haben jedoch die ungute Eigenschaft, sich zu verstärken. Wer sich darüber ärgert, dass der andere in die letzte Parklücke schlüpfte, kann diesen Ärger bis ins Absurde übertreiben. Angst vor Spinnen, Donner, Hunden, Mäusen kann sich bis zur so genannten Phobie aufschaukeln. Wir leben in einer Umwelt, in der viele unserer Emotionen unangemessen sind, weil unser Leben nicht mehr von den Emotionen abhängt. Da hat sich bewährt, die Emotion bereits in einem frühen Stadium abzuwehren, wenn sie sich noch nicht verstärkt hat: Es ist doch nur ein Parkplatz. Was regst du dich eigentlich auf?

Positive Reaktionen für das Gehirn gibt es natürlich auch. Freude zum Beispiel ist ein gutes Beispiel dafür. Es fungiert als Gegenspieler zu Angst und Ärger, um den Körper wieder in den Zustand eines gesunden Gleichgewichts zu bringen – Homöostase. Dies gelingt schneller und effektiver, als wenn man Angst oder Ärger erst durch alle Phasen erlebt. Der Vorteil liegt auf der Hand: Alle negativen physiologischen und psychologischen Begleiterscheinungen (erhöhter Blutdruck, Ausschüttung von Stresshormonen…) kann man so vermeiden und den Körper schützen. Bevor uns ein Gefühl bewusst wird, laufen verschiedene Vorgänge in unserem System EINS ab. Im ersten Schritt wird ein Reiz über ein Sinnesorgan an das Gehirn weitergeleitet. Der Mensch sieht, hört, riecht oder spürt etwas. Im zweiten Schritt wird dieses Signal untersucht und verschiedenen Fragen – unbewusst – unterworfen:

- Ist das, was dort draußen geschieht, neu?
- Kommt es unerwartet und plötzlich?
- Ist es eher angenehm für mich oder unangenehm?
- Ist es für meinen Körper wichtig oder eher bedeutungslos?
- Stellt es eine Gefahr dar, und kann ich mit dieser umgehen?
- Kann ich es mit bestehenden Normen und meinem Selbstbild vereinbaren?

Nachdem diese Fragen äußerst schnell beantwortet wurden, reagiert der Mensch. Emotionen helfen uns also, in unserer Umwelt optimal zu überleben. Sie sagen uns, ob das, was außen geschieht, gut, weniger gut, ungefährlich oder gefährlich ist. Claudia Wassmann nennt sie demnach auch ein „weitwinkliges Überwachungssystem, das Dinge registriert, ohne dass wir ihnen bewusste Aufmerksamkeit zuwenden" (Wassmann 2010: 96 f.). Emotionen – an erster Stelle Liebe – sind auch ein untrügliches bewusstes Zeichen dafür, dass zwei Körper besonders gut zueinander passen und bei Fortpflanzung die genetische Vielfalt und Gesundheit wahrscheinlich gesichert sind. Sie helfen uns, sehr schnell die richtigen Entscheidungen zu treffen, wenn rationales Denken viel zu langsam reagieren würde. Zugleich sind sie immer zugegen, wenn wir scheinbar rational, abgeklärt, nüchtern entscheiden.

Interessant ist, dass Gefühle auch beteiligt sind, wenn Menschen lernen. Untersuchungen haben zum Beispiel gezeigt, dass wir uns positive Sachverhalte leichter in einer positiven Stimmung merken; negative in negativer Stimmung. Das hat nicht unwesentliche Auswirkungen auf den bewussten Vorgang des Lernens, wie wir weiter unten noch sehen werden. Alle autobiografischen Informationen und vermutlich auch Fakten, die wir lernen, müssen durch den Filter Limbisches System. Hier werden sie nicht nur bewertet, sondern auch mit Gefühlen angereichert. Dadurch kann man sie leichter abrufen, wenn das entsprechende Gefühl wieder vorhanden ist.

Zusammenfassung

Unser Gehirn ist Resultat stammesgeschichtlicher Entwicklung. Seine Arbeit wird von zwei Systemen bestimmt. Das System EINS sichert das Überleben. Es arbeitet und lernt unbewusst, steuert die meisten der Reaktionen und unser Verhalten. Nur ein Bruchteil der gesamten Tätigkeit wird vom bewusst agierenden System ZWEI durchgeführt. Es hat eine sehr begrenzte Kapazität und kann sich darum in einem bestimmten Zeitraum nur auf eine Aufgabe voll konzentrieren.

Weil das Gehirn in seiner Entwicklung jener unserer Umwelt hinterherhinkt, ist es anfällig für eine Reihe von Fehlern, die uns meist erst durch ihre Resultate bewusst werden. Zu den wichtigsten gehören das fehlerhaft und individuell arbeitende Gedächtnis, die Verfälschung des Denkens durch Priming, falsches Vergleichen auf der Basis nicht miteinander zu vergleichender Sachverhalte, Angst vor Verlust, Beeinflussung des Denkens durch Erwartungen und Glauben (statt Wissen), Fehlurteile aufgrund selektiver Wahrnehmung, die Illusion des Verstehens, das Nichtbeachten der Quelle einer Nachricht, der Glaube, in einer an Reizen übervollen Umwelt diese auch adäquat verarbeiten zu können und die leichte Ablenkbarkeit. In der Summe gaukelt das Gehirn dem Einzelnen eine Realität vor, die von jener des anderen abweicht.

Wenn wir entscheiden, dann in vielen Fällen nicht rational – obwohl wir dies oft glauben – sondern irrational. Menschen lassen sich von gespeicherten Erfahrungen, Emotionen, momentanen Stimmungen, Bildern, der Art einer Präsentation und anderen Einflüsterungen in ihren Entscheidungen beeinflussen. Die sogenannten Bauchentscheidungen sind allerdings dann von Vorteil, wenn zu viele Informationen bereitstehen, die wir nicht verarbeiten können, oder der Aufwand für langes Überlegen zu groß wäre.

Neben dem Gehirn im Kopf besitzt unser Körper ein zweites „Gehirn", den Darm. Es agiert autonom, kommuniziert mit dem Gehirn im Kopf und leistet insgesamt wichtige Arbeit für den gesamten Organismus. Es ist – in Kooperation mit der gesunden Darmflora – für ein optimales Immunsystem verantwortlich und sorgt dafür, dass unser Körper mit Nährstoffen versorgt wird. Die Art der Nahrung, welche es verarbeitet, hat Einfluss auf unsere Stimmung, auf die Psyche und auf Gesundheit oder Krankheit.

Neben Gehirn und Darm sind in den letzten Jahrzehnten Emotionen in den Fokus der Forschung gelangt. Sie sind nicht überflüssig oder sogar schädlich, sondern besitzen wichtige Aufgaben. Gefühle schützen, warnen und bieten uns in kürzester Zeit wesentliche Entscheidungshilfen. Sie sorgen dafür, dass der Einzelne in der sozialen Gemeinschaft aufgenommen und akzeptiert wird. Sie sind nicht – wie lange geglaubt – Gegenspieler rationalen Denkens, sondern ermöglichen dieses erst. Zugleich dienen sie dazu, Sachverhalte im Langzeitgedächtnis zu speichern.

2. Das Böse ist immer und überall

Warum nehmen Kinder eine Waffe in die Hand und ermorden ihre Mitschüler und Lehrer? Warum werden treusorgende Familienväter zu Massenmördern und Frauen zu sadistischen Menschenquälern? Solche Fragen stellten sich Psychologen verstärkt nach dem Zweiten Weltkrieg. Antworten suchten sie in Experimenten, deren Resultate selbst die durchführenden Psychologen erstaunten und verblüfften. Eines der berühmtesten ist das Gefangenen-Experiment, das Philip Zimbardo an der Stanford-University durchführte und – dies ist wichtig – in dem er zum involvierten Mitspieler wurde, ohne die extrem negativen Konsequenzen selbst zu bemerken. Der Versuchsaufbau war denkbar einfach. In einem Keller der Universität wurde ein improvisiertes „Gefängnis" eingerichtet, in dem Freiwillige in „Gefangene" und „Wärter" eingeteilt wurden. Obwohl alle Beteiligten jederzeit aus dem Experiment aussteigen konnten, eskalierte die Situation dermaßen rasant, dass bereits nach einer Woche alles abgebrochen werden musste. Die Resultate erschüttern, zeigen sie doch, welchen Einfluss die Umgebung und andere Akteure auf unser Verhalten ausüben:

- Die „Häftlinge" wurden von Tag zu Tag passiver und ergaben sich in ihr Schicksal.
- Neunzig Prozent ihrer Gespräche drehten sich um Themen des Gefängnisalltags wie Essen und Schikanen durch die „Wärter".
- Als die „Gefangenen" Gelegenheit hatten, sich aus der ihnen zugewiesenen Rolle zu lösen, haben sie diese erstaunlicherweise nicht genutzt. Dies liegt wahrscheinlich an der übermächtigen Funktion des Umfelds, in das sie sich gestellt sahen.
- Der Kontext führte auch dazu, dass sich die Wahrnehmung der „Gefangenen" verengte, sie ihre Situation nicht mehr von außen betrachten konnten und ihre Rolle mehr und mehr akzeptierten.
- Zugleich wurde klar, dass sie die negativen und abwertenden Bemerkungen der „Wärter" und damit deren negatives Bild übernahmen. Mit anderen Worten: sie wuchsen stündlich in eine Rolle hinein und identifizierten sich mit die-

ser, obwohl sie immer (rational) wussten, dass sie an einem Experiment teilnehmen.
- Ähnlich erging es den „Wärtern". Auch sie übernahmen nicht nur äußerlich, sondern innerlich die Rolle und identifizierten sich zunehmend mit dieser.

Zimbardo zieht Lehren aus dem Experiment, die heute nichts von ihrer Aktualität eingebüßt haben: Menschen reagieren viel stärker auf die Kräfte der Situation, in die sie hineingestellt werden. Sie können dazu angestiftet werden, Böses zu tun, „... sich irrational, dumm, selbstzerstörerisch, antisozial und hirnlos zu verhalten, wenn sie in ‚totalen Situationen' gefangen sind, die das menschliche Wesen so verändern, dass unser Sinn für Stabilität und Konsistenz der individuellen Persönlichkeit, des Charakters und der Moral gestört wird" (Zimbardo 2012: 207).

Was bedeutet das für uns? Wir müssen uns klar machen, dass keiner von uns davor geschützt ist, sich entgegen seines Selbstbilds zu verhalten. Noch einmal Zimbardo dazu: „Gewisse Situationen können uns durch ihren übermächtigen Einfluss dazu verleiten, uns so zu verhalten, wie wir es vorher nicht für möglich gehalten hätten, ja halten konnten" (ebd.: 208). Weil unser System EINS so viel größer ist als das System ZWEI, und die Situation so erdrückend werden kann, müssen wir uns dieser Gefahr bewusst sein. Auch nach 1945 haben viele Menschen gesagt, dass sie nie in der Lage wären, andere Menschen bestialisch zu quälen. Die Geschichte nach dem Zweiten Weltkrieg spricht eine andere Sprache. Zimbardo hat auf der Basis seiner umfangreichen Erforschung des Bösen ein Zehn-Stufen-Programm entwickelt, um unerwünschten Einflüssen zu begegnen. Ich stelle sie hier in gekürzter Form dar (ausführlich in: Zimbardo 2012: 415 ff.):

a) Zuerst einmal geht es darum, dem Perfektionswahn und einigen Muss-Vorstellungen in Bezug auf sich selbst zu begegnen und sich zugleich einzugestehen, dass Menschen Fehler machen. Daraus resultiert die Einsicht, dass auch ich fehlbar bin. Bei Fehlern gilt also, sich diese als solche einzugestehen und sich zugleich – wenn nötig – bei den anderen Menschen für das eigene Fehlverhalten zu entschuldigen.

b) Weil das System EINS so mächtig ist, und der Autopilot oft das Heft des Handelns in der Hand behält, geht es darum, kritisch, achtsam und aufmerksam zu sein. Besonders in vertrauten Situationen hilft es ungemein, die Situation und sich selbst von außen zu betrachten, vor Entscheidungen einen Moment das Bewusstsein wieder einzuschalten und mehrere Varianten ins Kalkül zu ziehen.

c) Gerade in Diktaturen und bei Befehlsempfängern hat sich immer wieder gezeigt, dass sie sich gern mit ihrer fehlenden Verantwortung herausreden: Ich muss Befehle ausführen, den Anweisungen folgen; ich bin nur ein kleines Rädchen im Getriebe. Heute sehen wir dieses Phänomen bei der exorbitanten Verschwendung von Steuergeldern. Wären Politiker und Staatssekretäre persönlich für ihr Handeln verantwortlich (und würde man sie auch zur Verantwortung ziehen), würden viele Entscheidungen reiflicher überlegt werden. Menschen müssen sich also klar darüber werden, selbst verantwortlich zu sein und demnach auch zur Verantwortung gezogen werden zu können.

d) Menschen handeln dann wie Roboter oder als bloße Befehlsempfänger, wenn man sie ihrer Persönlichkeit beraubt, sie deindividuiert. Dies gelingt, indem man ihnen eine Nummer zuweist, sie aus der Verantwortung für ihr Handeln entlässt, den Gruppendruck erhöht. Als Gegenmaßnahme muss der Betroffene seine Individualität wieder herstellen. Dazu gehören schon so simple Tricks, wie den eigenen Namen zu nennen und dies auch von den anderen zu fordern, Augenkontakt zu suchen (was bei Sonnenbrillen nicht möglich ist) und jede Form der Anonymität zu vermeiden. Hinzu kommt, sich selbst und auch alle anderen als etwas Besonderes, als etwas Einmaliges zu begreifen, negative Stereotypen nicht zuzulassen.

e) Wirkliche Autoritäten sind notwendig, falsche und selbsternannte aber nicht. Diesen Unterschied muss man sich klarmachen, bevor man ihnen wahllos folgt. Wirkliche Autoritäten haben sich diesen Status durch Leistung erworben und nutzen ihn, um die Gruppe als Ganzes voranzubringen. Selbst ernannte und scheinbare kümmern sich vor allem um ihren eigenen Vorteil. Ersteren kann man folgen, gegen letztere sollte man rebellieren.

f) Warum hat es in Deutschland die Idee des Liberalismus so schwer, in vielen Bevölkerungsteilen Fuß zu fassen? Menschen wollen in sozialen Gruppen aufgenommen werden und sich dort einrichten. Dafür verzichten nicht wenige auf die Entfaltung ihrer Individualität, auf ein unabhängiges und selbstbestimmtes Leben. Außerdem macht dies ja auch mehr Mühe. Gruppenkonformes Handeln ist zuerst einmal nützlich, weil wir soziale Tiere sind. Die Grenzen aber, wo dieses negative Folgen für das Individuum zeitigt, sind fließend. Die allseits um sich greifende Seuche der so genannten (oft falsch verstandenen) Teamfähigkeit ist beredter Ausdruck dafür. Es geht im Gegenzug darum zu erkennen, dass Gruppen auch irren können, dass es nicht immer gut ist, ihr zu folgen. Kurt Tucholsky dazu: „Nichts ist schwerer und nichts erfordert mehr Charakter, als sich in offenem Gegensatz zu seiner Zeit zu befinden und laut zu sagen: Nein". Insgesamt ist es also wichtig, sich seine Unabhängigkeit immer wieder ins Bewusstsein zu holen und diese auch zu verteidigen. Besonders gilt dies natürlich, wenn die Gruppe eine Marschrichtung vorgibt, die den individuellen Überzeugungen widerspricht.

g) Wie bereits dargestellt, ist unser Gehirn Opfer vieler Fehler. Wir vertrauen verkürzten Darstellungen, fallen auf bunte Bilder herein, glauben an künstlich herbeigeführte Verknappungen und haben Angst vor Verlusten. Auch hier hilft, die Adlerperspektive einzunehmen, innezuhalten, den Autopiloten abzuschalten, Aussagen anderer kritisch zu überprüfen.

h) Das so genannte Dritte Reich sollte tausend Jahre währen, mindestens, war aber nach zwölf Jahren mit den bekannten Folgen vorbei. Menschen können in bestimmten Situationen schnell ihr Gefühl für Zeit verlieren, wenn die Gegenwart besonders erdrückend, langweilig oder perspektivlos ist. Um sich dem Bösen zu widersetzen, ist es auch wichtig, die Gegenwart unter dem Blickwinkel der Vergangenheit und Zukunft zu betrachten. Dauert dies ewig, oder wird es irgendwann vorbei sein? Nach welchen Maximen habe ich vorher gehandelt? Solche Fragen helfen, die erdrückende Gegenwart zu relativieren, um sich nicht vom Sog des Negativen verschlucken zu lassen. Das hilft schon im Alltag – bei langweiligen Vorträgen, scheinbar endlosen Bahnfahrten…

i) Mephisto schlägt Faust einen wahrhaft teuflischen Plan vor: Wissen gegen Seelenheil. Auch böse Mächte agieren häufig wie der Teufel persönlich: Freiheit gegen Sicherheit. Wer sich bewusst macht, dass Sicherheit eine Illusion ist, kann den Einflüsterungen widerstehen. Kleine Freiheiten sollen aufgegeben werden, um die große Sicherheit zu gewährleisten. Besonders deutlich wird dieses Verhalten bei so genannten Sicherheitsbehörden in den USA, die den Bürgern schrittweise erkämpfte Freiheiten mit dem Damoklesschwert des Terrorismus wieder abnehmen. Persönliche Freiheiten müssen immer wieder erkämpft oder verteidigt werden. Das beginnt in der Familie und reicht über Schule, Ausbildung und Job. Es sei denn, man verzichtet auf seine Freiheiten.

j) Anfangs scheint es aussichtslos, sich Gruppenmeinungen, einer alles beherrschenden Familie, scheinbaren gesellschaftlichen Zwängen oder Notwendigkeiten (Wer ist die Gesellschaft?) zu widersetzen, und doch ist es möglich. Dazu gehört das Bewusstsein, dass Meinungen von Menschen gemacht sind und demnach nichts anderes darstellen als individuelle Ansichten. Zugleich ist es wichtig, sich immer wieder vor Augen zu führen, dass diese auch zeitgebunden sind und sich wandeln werden, mit Sicherheit. War es zum Beispiel noch vor wenigen Jahrzehnten ungewöhnlich, wenn auch die verheiratete Frau arbeitete, so hat sich seit langem das Verhältnis grundlegend geändert. Um sich zu widersetzen, sind Menschen nicht auf sich allein gestellt, sie können Gleichgesinnte und ähnlich Handelnde suchen und sich mit diesen verbünden. In diesen Gruppen ist es dann möglich, gruppendynamische Kräfte positiv zu nutzen und diese für die Umsetzung der eigenen Ziele zu nutzen. Der Haken an der Sache – auch die vormals positiven Gruppen können sich wandeln und ihrerseits zum Kern des Bösen werden. Die Französische Revolution, Marxisten und andere sozialrevolutionäre Bewegungen haben dies in der Vergangenheit immer wieder bestätigt. Da hilft nur der (erweiterte) Grundsatz der Aufklärung: Habe Mut, Dich immer und immer wieder neu Deines bewussten Verstandes zu bedienen.

3. Was Macht mit uns und den Gehirnen macht

Das Wort *Macht* hat in Deutschland keinen guten Ruf. Viele verbinden es mit negativen Assoziationen: mit unlauteren Mitteln an die Macht gelangen, undemokratisch selbige ausüben, Tyrann, Despot, Herrscher… Die sozialpsychologische Forschung unterscheidet enger in *Macht* und *Einfluss*. Einfluss liegt dann vor, wenn das Verhalten der Person A etwas bei einer Person B auslöst, das mit den Selbstverpflichtungen von B übereinstimmt. Die Folgen dieser Einflussnahme sind für den Betroffenen durchweg positiv: Der Betroffene kann im Einklang mit seinen Selbstverpflichtungen handeln, seine Ziele und Interessen weiterhin verfolgen, selbst entscheiden, inwieweit er dem auf ihn ausgeübten Einfluss folgt – und autonom bleiben.

Die zweite Form sozialer Einwirkung, *soziale Macht*, ist dann gegeben, wenn das bei B ausgelöste Verhalten nicht zu seinen Selbstverpflichtungen, zu seinem Eigenbild passt. Die Folgen von Machtausübung sind, im Gegensatz zur Einflussnahme, für den Betroffenen negativ: Machtausübung wendet sich gegen die Interessen des Betroffenen und lässt keinen Raum für freie, eigene Entscheidungen. Als Ergebnis können sich im betroffenen Individuum Konflikte aufbauen, deren Lösung gegen die machtausübende Instanz, das System, welches diese zulässt, oder gegen sich selbst richten. Person A, welche diese Macht ausübt, kann sich dabei verschiedener Mittel bedienen: Belohnung, Bestrafung, Legitimation (A besitzt Rechte, B sind Pflichten auferlegt), Attraktivität (B hegt Wunsch nach Identifikation mit A) und überlegener Kenntnisstand.

Macht (im Sinne von Einfluss) ist weder positiv noch negativ, sondern schlicht und einfach notwendig. Wer sie besitzt, steht in der Regel an der Spitze einer Hierarchie. Hier gilt es, Verantwortung für andere Menschen, ein Gemeinwesen, eine Firma, eine Gruppe von Menschen zu übernehmen. Auch wenn heute Vieles oft nur zerredet wird, ist es so, dass Einzelne einen Schlusspunkt setzen (müssen) und sagen, was wie gemacht wird. Menschen wollen sich zudem einer Autorität freiwillig unterordnen und den Weisungen folgen, weil das entlastend ist. Wenn ich dem Machtinhaber folge, gebe ich Verantwortung ab und kann ruhig schlafen. Ich bin im Fall des Scheiterns nicht verantwortlich. Macht ist also erst einmal mit Aufgaben verbunden, das Ganze möglichst positiv zu entwickeln. Ob der Weg an die Spitze nun legal oder mit unlauteren Mitteln gegangen wurde, soll an dieser Stelle nicht interessieren – hier geht es um die Wirkung von Macht auf die menschliche Psyche, auf das Gehirn.

Gedanken, Emotionen, Einstellungen, Werte und all die anderen nicht greifbaren Resultate unseres Gehirns basieren auf chemischen Reaktionen. Besonders deutlich wird das, wenn man sich die Menge und Verteilung der im Gehirn agierenden Botenstoffe ansieht. Glück ist an Serotonin gebunden, Aggression an Testosteron, Gefühle der Bindung an Oxytocin und so weiter. In den Gehirnen der Mächtigen muss sich die Verteilung dieser Stoffe und ihr Auftreten folglich anders darstellen als bei anderen Menschen. Eine wichtige „Kettenreaktion" beginnt mit Testosteron. Dieser Stoff sorgt bei beiden Geschlechtern (!) für ein Gebaren, das notwendig ist, um Macht zu erhalten und sie auch halten zu können: dominantes und aggressives Verhalten, Antrieb, aber auch Ausdauer und ebenso Freude am Leben. Wenn mehr Testosteron im Blut zirkuliert als bei anderen Menschen, wird auch mehr Dopamin freigesetzt. Damit strebt der Mensch nach Gewinn (nicht unbedingt im monetären Sinn), nach Spaß und einem wohligen Gefühl. Zugleich vermutet man eine motivierende Wirkung, die dem betreffenden Menschen hilft, seine Ziele zu realisieren.

Insgesamt sorgt Testosteron also für einen positiv gefärbten Blick auf die Umwelt, was notwendig ist. Pessimistisch denkende Menschen mit Macht in ihren Händen gefährden eher als dass sie nützen. Ein Nebeneffekt des Testosterons kann sowohl negative als auch positive Auswirkungen haben – es macht in gewisser Weise süchtig, weil mit ihm positive Gefühle verbunden sind. Positiv ist dieser Effekt, wenn der Betreffende dadurch fokussiert und Nebensächliches ausblendet. Negativ ist er, wenn dadurch Risiken nicht mehr gesehen und Mahner nicht mehr gehört werden. Besonders anschaulich wird dies bei Extremsportarten oder beim Bergsteigen. Wenn hier der Testosteronschub dazu führt, dass die Risiken nicht mehr beachtet werden, kann es schnell tödlich enden.

Das Gefühl von Macht kann unterschiedliche Auswirkungen haben. Zuerst einmal ist es verbunden mit einer Illusion, die Kontrolle zu besitzen. Illusion deshalb, weil die Realität von zu vielen Faktoren beeinflusst wird, die es dem Einzelnen gar nicht erlauben, die Kontrolle auszuüben – zumindest nicht im gewünschten Sinn. Versuche haben gezeigt, dass dies schon bei geringer Macht oder sogar dem Denken an frühere Machtpositionen erzeugt werden kann. Je größer die Machtfülle in einer Hand, umso radikaler verändert sich meist die Sichtweise des Mächtigen. Extreme Beispiele sind Diktatoren, die unter Realitätsverlust leiden, was durch ihr eigenes System noch verstärkt wird: Sie schalten Kritiker aus, der Herrscher umgibt sich mit Ja-Sagern. Aus den Bereichen Politik und Wirtschaft sind viele Beispiele von allzu Mächtigen bekannt, bei denen ein notwendiges Korrektiv fehlt. Aber auch weniger Mächtige verändern ihre Sicht auf die Welt und sind zunehmend immer weniger bereit, anderen Menschen zuzuhören und deren Meinungen Platz in ihrem eigenen Denken einzuräumen.

Dieses Handeln beruht auch auf einer Eigenschaft des Gehirns, die wir alle besitzen, sie ist bei Mächtigen nur besonders stark ausgeprägt: Menschen überschätzen sich – overconfidence. Siebzig bis neunzig Prozent aller Autofahrer halten sich selbst für überdurchschnittlich. Das geht allein statistisch nicht. Auch sonst denken wir besser von uns, als wir eigentlich sind. Das führt nicht nur im privaten Bereich zu Problemen und oft genug auch zu Katastrophen, und ist in Wirtschaft und Politik besonders schädlich. Männer in Spitzenpositionen schreiben aufgrund dieses besonders verbreiteten und hartnäckigen Phänomens vorangegangene Erfolge sich selbst zu, Zufälle und andere Faktoren werden ausgeblendet. Beratungsunternehmen haben die Selbstüberschätzung zur Basis ihres Geschäfts gemacht. Obwohl mehrfach nachgewiesen ist, dass Banker die Entwicklung von Aktien genauso gut (oder schlecht) voraussagen können wie Laien, denken sie, sie könnten es. Und wir glauben ihnen. Auch Ärzte vertrauen häufig eher ihren Erfahrungen als wissenschaftlichen Studien – obwohl Ärzte auf genau dieser Basis arbeiten. Weil aber Selbstüberschätzung so weit verbreitet ist, muss sie auch einen wichtigen positiven Aspekt haben. Es macht und mutig und fördert unsere Entscheidungsfreude.

Die bis hierher beschriebenen Eigenschaften von Mächtigen haben einen bekannten Nachteil. Wer Macht hat, fühlt Stress. Dieser erwächst nicht unbedingt aus der Arbeitsfülle des Mächtigen, sondern aus einem Gefühl der Bedrohung heraus. An der Spitze geht es immer darum, seine Position zu halten, sich gegen Widersacher und Konkurrenten zur Wehr setzen zu müssen, alle Angriffe bereits im Keim zu ersticken. Nicht nur bei Menschen, sondern auch bei Schimpansen wurde nachgewiesen, dass die Alpha-Tiere mehr des Stresshormons Cortisol im Blut haben. Soziale Bedrohung durch andere Individuen, die an die Macht wollen oder den Mächtigen (oft genug nur vermutet) bedrohen, wirkt sich auf das Immunsystem aus, nicht unbedingt positiv. Wer sich in der Machtposition befindet, ist zugleich aus der sozialen Gemeinschaft ausgestoßen, gehört nicht mehr dazu. Dies verursacht zusätzlich Stress und kann – langfristig gesehen – sogar zu Gehirnschäden führen. Allerdings nur dann, wenn die negativen Auswirkungen einer falsch verstandenen Macht die positiven auslöschen. Diese gibt es aber auch, sonst würden nicht so viele Menschen nach Macht streben.

Positiv daran ist die Wirkung auf das Selbstbild. Weil es auch stark von der Umgebung abhängt, bekommt der Mächtige ständig positive Rückmeldungen: du hast es richtig gemacht, du bist an höherer Stelle als die anderen… Ein positives Selbstbild wiederum verstärkt die intrinsische Motivation. Erstaunlich ist eine Tatsache, die dem gesunden Menschenverstand widerspricht: Mächtige besitzen in der Regel nicht nur die Kontrolle über andere, sondern zuerst einmal über ihr eigenes Leben. Das macht zufrieden und senkt den Blutdruck. Hoher Blutdruck bei Mächtigen ist also offenbar ein Zeichen, dass der Mächtige an der falschen Stelle sitzt, ihm die Konkurrenten das Leben schwer machen, er überfordert ist – oder alles zusammen.

Generell stehen Menschen und Umwelt zueinander in einer engen Beziehung. Räume, in denen sie sich aufhalten, die Menschen, mit denen sie zu tun haben, die Art und Weise der sozialen Kontakte, Institutionen und die mentale und geistige Stärke des Individuums selbst bewirken, wie sich das Gehirn des Einzelnen verändert. Macht und Umgebung bedingen also einander und wirken aufeinander ein.

Daraus resultiert zum Beispiel, dass Menschen in Machtpositionen mit anderen anders umgehen. Weil Mächtige stärker auf sich selbst und ihre Ziele fixiert sind, können sie anhand mimischer und gestischer Zeichen weniger erkennen, welche Gefühle andere Menschen gerade bewegen. Weil Männer dies ohnehin nicht so gut können wie Frauen, wirken Männer in höheren Positionen so, als wenn sie sich nicht für ihre Umgebung interessierten. Positiv und negativ ist die Tatsache, dass Mächtigen weniger wichtig ist, was andere über sie denken. Positiv ist dies, weil dadurch auch unkonventionelle und bisher nicht gegangene Wege beschritten werden, die bisher noch kein Mensch vorher gewagt hat.

Eines der herausragenden Beispiele dafür ist Steve Jobs. Ihm ist es vor allem zu verdanken, dass Apple mit Innovationen zum Markttreiber wurde, die es zuvor nicht gab, die auch niemand benötigte. Negativ ist die Eigenschaft, wenn warnende Rufe nicht mehr wahrgenommen und somit überhört werden. Mächtige tendieren auch öfter zur Persönlichkeit des Egozentrikers, was ich ausdrücklich nicht negativ und im Sinne von (ebenfalls negativ gemeintem) Egoismus verstanden wissen möchte. Die Definition der Psychologen, wonach Egozentrismus das fehlende Bewusstsein ist, dass andere Menschen ihre Umwelt aus ihrer eigenen Perspektive betrachten, ist erst einmal neutral und bezieht sich bei nüchterner Betrachtung auf alle Menschen. Wer seine Sicht allerdings zur allein selig machenden erklärt, gerät mit seiner Person in Richtung umgangssprachliches Verständnis von Egozentrismus: Ich denke nur an mich.

Ein weiterer Aspekt von Macht ist die Körperhaltung, die mit Macht einhergeht. Wie bereits beim Lächeln gezeigt werden konnte, gehören Emotionen und ihr Körperausdruck eng zusammen. Wer schlechte Laune hat, kann diese durch ein Lächeln zumindest abmildern. Solch enge Verbindung besteht auch zwischen Macht und Körperhaltung. Um das Gefühl, mächtig zu sein, aufzubauen, kann man den Körper entsprechend ausrichten: Oberkörper gerade halten, viel Platz beanspruchen, den Kopf nach oben bewegen, Arme hinter dem Kopf verschränken. Wer diese Position einnimmt, fühlt sich nachweislich mächtiger (er ist angreifbar, kann sich weniger schnell wehren, weiß aber darum). Zugleich steigt der Testosteron-Spiegel. Wenn andere Menschen das sehen (oder sehen sollen) deuten sie diese Körperhaltung ebenfalls als äußere Erscheinung der Macht. Man kann sich also, vor einem Vortrag, einer Rede, einer Verhandlung oder sonst einer heiklen Situation mit der entsprechenden Körperhaltung selbst in die Gefühlswelt des Mächtigen bringen. Aber auch das Gegenteil ist möglich. Menschen, die gesenkten Hauptes durch die Welt schreiten, werden von anderen auch als niedriger positioniert betrachtet. Zugleich sinkt der Testosteron-Spiegel. Ein Unterschied besteht hier in verschiedenen Kulturen. In asiatischen, die eher kollektivistisch geprägt sind, zählen viel eher die Gemeinschaft und die Gruppe als der Einzelne. In individualistisch geprägten wie in den USA und Deutschland steht hingegen die Selbstverwirklichung auf der Tagesordnung.

Man kann nun die Erkenntnisse nutzen, um einen positiven Kreislauf zu initiieren: Ich stelle mir vor, wie ich mich gern fühlen würde. Anschließend nehme ich die entsprechende Körperhaltung ein. Andere Menschen sehen mich so und reagieren entsprechend. Dies steigert wiederum mein Selbstbewusstsein und verstärkt die entsprechenden chemischen Vorgänge, was letzten Endes in einer verstärkten intrinsischen Motivation mündet.

Im Gegensatz zu extrinsischer, die von außen erfolgt und in der Regel weitaus weniger motivierend wirkt, ist die in der Person selbst entstehende intrinsische meist wirkungsvoller. Motivationspsychologen unterscheiden heute vor allem Macht-, Leistungs- und Anschlussmotiv. Machtmotivierten geht es darum, innerhalb einer Hierarchie eine oberste Position zu besetzen und Kontrolle auszuüben. Wie bereits gesehen, ist dies erst einmal neutral, weil notwendig. Wenn Machtmotivierte gute bis sehr gute inhaltliche Beiträge liefern, dann dienen auch diese in erster Linie dazu, Einfluss geltend zu machen und auszuüben. Wenn es den Machtmotivierten nicht gelingt, die eigene Meinung in Organisationen oder Gruppen zu platzieren oder sogar durchzusetzen, empfinden sie das als persönlichen Makel, in manchen Fällen sogar als Demütigung.

Solche Niederlagen lassen sich auch biochemisch nachweisen. Es ist weniger Testosteron vorhanden, was sich wiederum negativ auf das Lernen auswirken kann. Adrenalin und Noradrenalin, die sich erhöhend auf den Blutdruck und die Herzfrequenz auswirken, werden zudem weniger gebildet. Anders sieht es aus, wenn ein Sieg zu verzeichnen ist. Adrenalin und Noradrenalin bleiben auf einem hohen Niveau, der Testosteronspiegel erhöht sich. Auch darum ist ein stark ausgeprägtes Machtmotiv langfristig ein Gesundheitsrisiko.

Um nun halbwegs sicher und gesund mit der Macht und seinen Folgen durchs Leben zu kommen, empfiehlt der Psychologe Ian Robertson einen Weg, der zugleich die vorher getätigten Aussagen wie in einem Brennglas zusammenfasst: „Um die Belastungen der Macht zu überleben, muss man die Macht wollen und sie genießen" (Robertson 2013: 287).

4. Hirngerecht lernen

4.1 Lernen heißt verändern

Lernen ist nach wie vor eines der größten Naturwunder. Menschen erinnern sich an den Geruch ihres Lieblingsessens, das die Mutter gekocht hat. Tief im Gehirn haben sie traurige oder fröhliche Erlebnisse gespeichert, sie können sich an dazugehörige Gesichter und andere Dinge erinnern. Auf der anderen Seite vergessen wir Naheliegendes und Neues, Wichtiges und Notwendiges. Unser Gedächtnis funktioniert offensichtlich ganz und gar nicht wie ein Aktenschrank oder eine Computer-Festplatte. Informationen, die dort abgelegt sind, kann man identisch wieder abrufen; bei im Gehirn gespeicherten Informationen gelingt dies nur in wenigen Fällen. Weil Menschen, vor allem im Informationszeitalter, immer stärker auf ein funktionierendes Gedächtnis angewiesen sind, haben sich Neurologen tief in das Gehirn vorgearbeitet, um zu erkennen, wie Lernen funktioniert.

Die erste Erkenntnis ist ebenso logisch wie frustrierend. Unser Gehirn besteht aus lebenden Zellen, die miteinander verbunden sind. Die Grundlage, um Inhalte zu speichern, ist also nicht dazu angetan, etwas exakt und dauerhaft abzulegen, denn die Grundlage des Speicherns selbst verändert sich ständig. Man stelle sich nur vor, dass sich in einem Aktenordner das Papier immer wieder verändert… oder die Struktur der Zellulose-Fasern wird eine andere… der Ordner macht sich selbstständig und verbindet nach Gutdünken Sätze aus verschiedenen Dokumenten miteinander, weil die so schön zusammen passen… zu allem Übel löscht er auch noch Sätze, Textabschnitte, ganze Dokumente, weil die sowieso schon seit Jahren keiner mehr angefasst hat. Grausame Vorstellung, aber so ähnlich funktioniert das Gedächtnis in unseren Köpfen. Andererseits ist dies aber auch von Vorteil, denn was sich verändert, können wir unseren ganz individuellen Bedürfnissen anpassen.

Vor einigen Jahrzehnten ging man noch davon aus, dass es im Gehirn verschiedene, relativ stark voneinander abgegrenzte Regionen gibt, die für jeweils eine Aufgabe zuständig sind. Es gibt ein Gebiet für Sprache, eines für Motorik… Heute weiß man, dass es zwar Areale gibt, in denen diese Aufgaben verstärkt lokalisiert sind, das Gehirn arbeitet jedoch viel stärker als Summe und beteiligt bei den einzelnen Aufgaben auch entfernt voneinander liegende Gebiete. Dies gilt ganz besonders für den Vorgang des Lernens. Wenn wir versuchen, einen Inhalt abzuspeichern, wenn wir eine Tätigkeit wieder und wieder durchführen, sind Gebiete in unserem Gehirn daran beteiligt, die weit verstreut voneinander liegen. Und noch etwas: Die Inhalte werden während des Speicherns in ihre Bestandteile zerlegt und beim Erinnern wieder zusammengefügt. Dass dies kein Nachteil, sondern von Vorteil sein kann, sehen wir weiter unten, wenn es darum geht, Konsequenzen fürs optimierte Lernen aus dieser Erkenntnis zu ziehen.

Wie sich in den letzten Jahren weiterhin gezeigt hat, speichern wir offenbar Informationen nicht in den Neuronen, dafür sind die Schaltstellen zwischen den Zellen verantwortlich, die Synapsen. Sie übertragen nicht nur elektrische und chemische Signale von einer Zelle zur anderen, sie sind auch ein wichtiges Speichermedium. Wenn Menschen eine Tätigkeit wiederholen, Informationen immer wieder aufrufen, dann werden diese Synapsen verstärkt, kräftiger. Wenn wir uns intensiv mit einer Sache beschäftigen, entstehen sogar neue Verbindungen, die zuvor noch nicht existierten. Solche Veränderungen lassen sich sage und schreibe bereits nach einer Stunde feststellen und beobachten. Im Gegenzug können Verbindungen, wenn sie lange nicht mehr benutzt wurden, auch ganz verschwinden. Wir vergessen.

Nun bleiben manche Erinnerungen zeitlebens bestehen, obwohl sie offenbar gar nicht so wichtig sind – offenbar. Forscher vermuten, dass sie es individuell dennoch sind, auch wenn es Jahre später selbst für den Gehirnbesitzer nicht mehr aussehen mag. Einzelheiten eines verlorenen Spiels haben sich beispielsweise eingegraben, eben weil dieses Spiel für den Betroffenen sehr wichtig und demnach mit starken Emotionen verbunden war.

Dass unser Gehirn beim Lernen flexibel ist, zeigt sich immer dann, wenn irgendetwas nicht mehr funktioniert. Beim Schlaganfall zum Beispiel können bestimmte Regionen im Gehirn ausfallen, was dazu führt, dass die Betroffenen nicht mehr sprechen oder einen Arm kaum noch bewegen können. Wenn allerdings diese verloren gegangene Fähigkeit wieder trainiert wird, übernehmen benachbarte Regionen oder spiegelbildliche Areale der anderen Gehirn-Hemisphäre diese Aufgabe.

Weil das lernende Gehirn offenbar wie eine Muskelgruppe funktioniert, die man trainieren kann, sind Trainingsprogramme auf dem Markt. Sie versprechen häufig genau das, was auch bei den richtigen Muskelgruppen schon nicht funktioniert. Wer seine Oberarme trainiert, kann nicht verlangen, dass auch die Beinmuskulatur gestärkt wird. Ähnlich ist es auch mit dem so genannten Gehirn-Jogging. Wer sich mit Sudoku beschäftigt, wird nicht automatisch sein Sprachverständnis oder jenes für räumliche Wahrnehmung stärken. So haben Untersuchungen gezeigt, dass bei Geigern genau jene Hirnareale besonders gut ausgestattet sind, welche die Feinmotorik der linken Hand betreffen, und Taxifahrer in London besitzen einen besonders starken „Muskel" für räumliche Vorstellung. Wer also eine Sprache lernen will, muss Vokabeln lernen, wer ein Instrument besser spielen will, muss Tonleitern üben.

4.2 Vom Kurz- zum Langzeitgedächtnis

Forscher haben den Weg der Informationen von den Sinnesorganen ins Gehirn verfolgt. Um ihre Erkenntnisse mitteilen und darüber sprechen zu können, haben sie ein Hilfsmittel geschaffen, das wir nicht falsch verstehen sollten. Wenn Neurologen und Lernpsychologen von verschiedenen Formen des Gedächtnisses reden, dann sind dies keineswegs unterschiedliche Gebiete im Gehirn. Es sind Begriffe für Stufen und Arbeitsweisen des Lernens, die veranschaulichen sollen, was in welcher Phase wie wahrscheinlich geschieht.

In Bezug auf die gespeicherten Inhalte unterscheidet man heute zwei Formen des Gedächtnisses, die wiederum eng mit den Systemen EINS und ZWEI zusammenhängen: deklaratives und nicht-deklaratives Gedächtnis. Das erste umfasst alle Inhalte, an die wir uns bewusst erinnern und über die wir demnach auch sprechen können. Das sind Tatsachen, Geschehnisse, Fakten, Ereignisse und eigene Vorstellungen von einem Sachverhalt. Wenn man darüber sprechen kann, müssen sie also ins Bewusstsein geholt und dort auch verarbeitet werden. Die nicht-deklarativen Gedächtnisinhalte hingegen sind all jene, die Menschen nicht bewusst werden, über die sie demnach auch nicht sprechen müssen und oft auch nicht können. Dazu gehören Fähigkeiten, die im Laufe eines Lebens erworben werden, zum Beispiel mit Messer und Gabel essen, gehen, beim Naseputzen einen Höllenlärm verursachen, Auto fahren, die Türklinke drücken, Tennis spielen… Zu den nicht-deklarativen Inhalten gehören auch alle Reaktionen, welche die Forscher als Resultat klassischer Konditionierung betrachten. Dem einen läuft das Wasser im Munde zusammen, wenn er Milchreis mit Zimt nur riecht – der andere hingegen muss einen Brechreiz unterdrücken. Nicht-deklarative Inhalte zeigen sich in der Art und Weise, wie wir uns verhalten, man kann sie als Beobachter also nur indirekt bemerken. Wer die gegnerische Mannschaft auf dem Fußballplatz ausdribbelt, wird vermutlich sehr oft mit dem Ball geübt haben. Wer ungezwungen mit dem chinesischen Handelspartner redet, hat Chinesisch gelernt.

Hier wird klar, dass eine Menge gelernter und abgespeicherter Inhalte nicht-deklarativ sind. Sie sind uns nicht bewusst, bestimmen aber dennoch jeden Tag unser Verhalten, unser Denken und Fühlen. Im Gegensatz zum deklarativen ist das nicht-deklarative Gedächtnis relativ unflexibel. Wer beim Einüben einer bestimmten Handlung von Beginn an Fehler macht, kann diese später nur noch schwer wieder ausmerzen. Wäre es da nicht schön, wenn man Inhalte so lernen könnte, dass sie vom deklarativen Zustand in den nicht-deklarativen übergehen, wir diese also automatisch wissen oder können, ohne darüber nachdenken zu müssen?

Neben der Art und Weise, wie Inhalte gespeichert und abgerufen werden können, klassifizieren Neurologen und Psychologen auch aufgrund der Dauer des Behaltens. Viele unterscheiden zwischen Kurz-, Arbeits- und Langzeitgedächtnis. Diese Ausdrücke sollen lediglich andeuten, in welcher Phase sich ein zu lernender Sachverhalt gerade befindet. Aus methodischen Gründen sehen wir uns das Kurzzeit- und Arbeitsgedächtnis getrennt voneinander an, obwohl führende Gedächtnisforscher das Arbeits- als Teil des Kurzzeitgedächtnisses betrachten.

Das Kurzzeitgedächtnis ist wie ein Pförtner auf dem Weg von der Informationsquelle ins Gehirn. An dieser Stelle werden die allermeisten Informationen aus verschiedenen Gründen ganz einfach abgewiesen: „Bleiben Sie bitte draußen, der Gehirnbesitzer hat kein Interesse." Oder: „Er ist derzeit mit etwas anderem beschäftigt." Wenn einige Informationseinheiten oder alle weiter im Bewusstsein gehalten werden – meistens durch Wiederholung oder Darstellung von Teilaspekten – gehen sie ins Arbeitsgedächtnis über, der Stufe vor dem Übergang ins Langzeitgedächtnis. Da von außen über Ohren, Augen und die anderen Sinnesorgane ständig neue Informationen nachgeliefert werden, muss sich der Pförtner entscheiden. Wenn innerhalb einer halben Minute die angelieferten Infos nicht aufgefrischt oder angereichert werden, verschwinden sie. Wie bei anderen Funktionen des Gehirns auch sind jene des Arbeitsgedächtnisses nicht an einem Ort zu lokalisieren. Der gegenwärtige Stand der Forschung beschreibt, dass verschiedene Regionen daran beteiligt sind, wenn es gilt, bestimmte Informationen im Bewusstsein zu halten. Besonders interessant ist, dass Areale des Gehirns, die zuvor daran beteiligt sind, einen Sachverhalt wahrzunehmen und ins Bewusstsein zu heben, auch das Arbeitsgedächtnis unterstützen. Diese Erkenntnis wird dann wichtig, wenn es darum geht, Informationen ins Langzeitgedächtnis zu bekommen.

Wenn die Informationen die Hürde Kurzzeit- und Arbeitsgedächtnis überwunden haben, werden sie im Gehirn gespeichert. Das geschieht, nach dem aktuellen Stand der Forschung, indem sie in einzelne Bestandteile zerlegt und über verschiedene Areale verteilt werden. Lernpsychologen gehen heute davon aus, dass es von diesen mehr als dreißig gibt, die jeweils für eine bestimmte Kategorie zuständig sind: Größe, Farbe, Form, Geruch, Bewegung... Diese Erkenntnis wird durch Krankenberichte gestützt. Es gibt Patienten, die das (Teil-)Gedächtnis für kleine und unbelebte Gegenstände verloren haben, aber jenes für große und belebte noch besitzen. Wenn wir nur fünf Kriterien als Beispiel wählen, lässt sich eine Tabelle erstellen, deren Spalten unterschiedliche Speicherorte für Teileigenschaften bzw. Kategorien im Gehirn repräsentieren:

Sachverhalt	Größe	Farbe	Form	Geruch	Bewegung
Apfel	handgroß	rot, gelb, grün	rund	frisch, Obst	keine
Stopfnadel	kleiner als ein Finger	silbrig glänzend	rund, lang, dünn, spitz	keiner	keine
Maus	klein wie zwei Finger	grau	oval mit langem Schwanz	feucht, modrig, unangenehm	schnell, Zickzack

Apfelkuchen	Handteller bis Kuchenblech	gelb-braun	rechteckig, dreieckig	fruchtig, zimtig, süß	keine

Jeder, der diese Tabelle liest, wird das eine oder andere Feld anders ausfüllen – das liegt in der Natur der Wahrnehmung, des Erinnerns und sogar an den Emotionen, welche den abgespeicherten Sachverhalt begleiten. Wer Angst vor Mäusen hat, wird diese Emotion ebenfalls abspeichern, zugleich beeinflusst das Gefühl die einzelnen Teileigenschaften. Die Maus ist im Gehirn größer und ekliger abgespeichert, als sie in Wirklichkeit ist. Wer Apfelkuchen aufgrund regionaler Besonderheiten nur als Blechkuchen kennt, wird die dreieckige Form entweder nicht gespeichert haben oder zumindest nur an zweiter Stelle aufrufen. Wer als Kind auf dem Land vor allem die so genannten Kläräpfel gegessen hat, wird beim Kriterium Farbe zuerst grün assoziieren und anschließend die anderen Farben. Noch ein Wort zu Bildern: Untersuchungen bestätigen, dass viele Gehirnareale, die auf lange Zeit Inhalte speichern, dieselben sind, die sich mit der bildlichen Wahrnehmung beschäftigen. Bilder scheinen also für das Gedächtnis besonders wichtig zu sein. Wenn andererseits die noch zarten Erinnerungs-Pflänzchen nicht durch Wiederholung und neue Informationen aufgefrischt werden, verdorren sie. Dies stimmt nur dann nicht, wenn die Sinneseindrücke besonders heftig sind, emotional besonders tief wirken oder ein traumatisches Erleben auslösen. Das ist meistens bei einschneidenden negativen Erlebnissen der Fall.

Wenn nun die im Langzeitgedächtnis gelagerten Inhalte wieder abgerufen und ins Bewusstsein geholt werden, geht der Vorgang umgekehrt vonstatten. Die einzelnen Bestandteile des Sachverhalts werden wieder zusammengesucht und zusammengesetzt. Dass dieser Vorgang mit allerlei Fehlern behaftet sein kann, wissen wir. Er hängt zudem von Emotionen und dem Kontext ab, in dem gespeichert wurde. Ein ungewöhnlicher Versuch konnte dies eindrucksvoll belegen. Taucher wurden gebeten, unter Wasser Worte zu lernen. Wenn sie diese auch unter Wasser widergeben sollten, waren die Ergebnisse um bis zu fünfzehn Prozent besser als am Strand. Dieses Resultat ist nicht zu verallgemeinern; allerdings zeigt auch unsere Alltagserfahrung, dass der Zusammenhang, in dem gelernt wird, beim Lernen und Wiedergeben eine Rolle spielt.

Neben Gefühlen und dem Kontext spielt auch das in vielen Bereichen auftauchende Phänomen des Priming eine Rolle. Bilder und Worte aus einem Sachverhalt aktivieren auch andere, die zu diesem Thema gehören. Wer nun beim Lernen voraktiviert, mit Emotionen lernt, sich konzentriert und sich zugleich noch den entsprechenden Kontext vorstellt, nutzt alle Hilfsmittel, welche das Gehirn bereitstellt, um einen Sachverhalt auf Dauer ins Gehirn zu brennen.

4.3 Lernstrategien im Alltag anwenden

Aus den beschriebenen Eigenschaften unseres Gedächtnisses lassen sich Schlussfolgerungen für optimales Lernen ziehen, die bereits mehrfach erprobt wurden. Die Reihenfolge der folgenden Punkte stellt zugleich eine Rangfolge dar. An erster Stelle für verbesserte Lernerfolge steht also die Wiederholung:

a) Wiederholen mit Köpfchen

Wir alle kennen die Situation: Vor einer Prüfung volle Konzentration auf die Inhalte, alles ins Gehirn pauken. Wir alle wissen aber auch, dass diese Strategie zwar hilft, Inhalte kurzfristig in den Schädel zu bekommen, langfristig aber bleiben sie in der Regel nicht. Hinzu kommt, dass die solcherart eingeprügelten Inhalte oft nur oberflächlich oder gar nicht verstanden wurden.

Viel besser ist es, die zuvor beschriebenen Eigenschaften zu nutzen und dem Gehirn über längere Zeiträume kleine Häppchen zu geben und diese zu wiederholen. Der Lernpförtner bekommt dadurch die Information: „Achtung, diese Inhalte werden immer wieder angeliefert, sie müssen wichtig sein. Also rein damit in die Denkfabrik." Der alte Satz, wonach Wiederholung die Mutter der Weisheit ist, trifft also voll ins Schwarze. Aber nur, wenn man sich kleine Einheiten immer wieder ansieht, sie immer wieder durcharbeitet.

b) Persönlich bedeutsam

Jeder von uns hatte in der Schule Lieblingsfächer und solche, die er nicht mochte bzw. hasste. Mittlerweile weiß man, dass es musisch orientierte Menschen gibt, denen die sozialwissenschaftlich orientierten Inhalte mehr liegen als die naturwissenschaftlichen. Natürlich gibt es auch hier eine Reihe von Mischformen. Wer klassische Musik liebt, der merkt sich im Musikunterricht fast automatisch die Anfänge von Symphonien und erkennt sie sogar noch Jahre später wieder. Andere merken sich ohne Probleme den chemischen Vorgang der Photosynthese; wieder andere haben kein Problem, eine Sprache zu erlernen.

Persönliches Interesse als zweitwichtiges Kriterium für den Erfolg des Lernens wird immer bedeutender, weil wir in einer hochkomplexen Gesellschaft leben, die gar keine Universalgenies mehr hervorbringen kann. Es wird zunehmend wichtig, sich zu spezialisieren und in seinem Fachgebiet auf dem aktuellen Stand zu bleiben – was oft genug schon nicht einfach ist. Wenn dieses Fachgebiet dann den persönlichen Interessen des jeweiligen Fachmenschen entspricht, ist der Lernerfolg fast vorprogrammiert. Anders hingegen sieht es bei all den anderen aus, die eine Arbeit als Job verstehen, der lediglich zum Geldverdienen taugt. Hier sind Frust und Stress automatisch vorhanden, denn wer keinen Spaß an dem hat, was er tut, wird freiwillig auch nichts dazulernen.

c) Ordentlich in Ordnung

Unser Gehirn speichert die Inhalte nach Hierarchien, die wiederum mit den Interessen des Hirnbesitzers zusammenhängen. Wer viel über Friedrich II. und die preußische Geschichte weiß, wird nicht nur hellhörig, wenn es um den Alten Fritzen geht, er kann eine neue Information auch in das bereits bestehende Wissenssystem einbinden. Um neue Informationen an der richtigen Stelle zu platzieren, ist es gut, sich die dazugehörigen und benachbarten wieder ins Gedächtnis zu rufen und im Geiste zu rekapitulieren. Dann werden die neuen Informationen mit den bereits vorhandenen verbunden, weil diese auch wieder ins Bewusstsein geholt werden. Ein weiterer Vorteil liegt darin, dass auch die alten, bereits im Langzeitgedächtnis gespeicherten Inhalte wieder ins Bewusstsein müssen, was zur Folge hat, dass sie wieder gestärkt werden.

d) Kleine Häppchen über den Tag verteilt statt großes Menü am Abend

Wenn es darum geht, bewusst einen Sachverhalt zu lernen, dann machen wir es meist grundlegend falsch. Jeden Tag eine Stunde Vokabeln lernen oder Instrument üben. Inhalte gehen effektiver ins Langzeitgedächtnis ein und werden dort dauerhaft verschaltet, wenn die zu lernenden Inhalte über den Tag verstreut dem Gehirn immer wieder angeboten werden. Die Lernmaschine kommt bei diesem Verfahren gar nicht dazu, die Inhalte zu vergessen, weil sie sich immer wieder mit diesen beschäftigen muss.

e) Bildreich und sinnreich lernen

Menschen sind Augentiere. Unsere Gehirne dürsten nach Bildern, denn mit diesen können wir viele Informationen auf einen Blick speichern. Hinzu kommt, dass unser Gehirn zwischen dreißig und fünfzig Prozent seiner Kapazität verwendet (die Zahlen schwanken), um Bilder zu verarbeiten. Evolutionsbiologisch ist dies logisch, denn ein Bild sagt mehr als tausend Worte, es vermittelt in buchstäblich einem Augenblick eine Fülle von Informationen. Zu lernende Inhalte sollten nun, wann immer es geht, an Bilder gebunden werden. Dies trifft für Vokabeln genauso zu wie für Fakten, Daten, Zahlen. Dabei ist es sinnvoll, sich eigene Bilder auszudenken oder zumindest ungewöhnliche, da diese von tatsächlichen nicht überlagert werden können.

Weil unser Gehirn zudem immer nach individuellen Interessen vorgeht und zugleich in dem, was es lernt, einen Sinn sehen, müssen die Inhalte auch sinnvoll sein. Das ist – besonders natürlich in der Schule – nicht immer möglich, denn hier fällt es oft schwer, in den Inhalten überhaupt einen Sinn zu erblicken.

f) Lernen und kreativ sein im Schlaf

Das Buch unters Kopfkissen legen und schwupps, die Zahlen sind für die Geschichtsarbeit am nächsten Tag parat. Wenn das so einfach wäre! Schlafen und Lernen scheinen auf den ersten Blick an zwei unterschiedlichen Enden einer Skala zu liegen, denn Lernen benötigt unsere volle Konzentration, Schlafen hingegen lässt Konzentration und Bewusstsein fallen. Warum aber schlafen wir überhaupt? Die weitverbreitete Meinung, wonach wir den Schlaf benötigen, um uns zu regenerieren, wird derzeit in Frage gestellt. Der Mensch muss sein Bewusstsein nicht herunterfahren oder verlieren, um sich zu regenerieren. Warum aber dann? Die neue Antwort lautet: Unser Gehirn schaltet nur scheinbar ab. Es speichert Neues im Langzeitgedächtnis. Dies gilt ganz besonders für jene Inhalte, die wir als nicht-deklarativ kennengelernt haben, also solche, die durch viel Übung und Training verfestigt werden sollen: Fahrrad fahren, ein Instrument spielen, mit dem Ball jonglieren, Auto fahren… Tests haben ergeben, dass Probanden, die nach den Übungsstunden ausreichend schliefen, am nächsten Tag das zuvor Gelernte besser beherrschen als andere. Dies funktioniert bei verschiedenen Handlungen, die nicht-deklarative Inhalte betreffen.

Anders allerdings sieht es aus mit deklarativen Inhalten, also jenen, die wir ins Bewusstsein holen müssen: Vokabeln, Jahreszahlen, den Namen einer Person und Ereignisse aus unserem Leben. So direkt und eindeutig wie bei den nicht-deklarativen ist der Zusammenhang zwischen Schlaf und Lernerfolg nicht nachzuweisen. Allerdings scheint er dennoch zu bestehen. Versuche mit Ratten haben ein erstaunliches Resultat erbracht. Die Tiere mussten im Wachzustand den Weg durch ein Labyrinth finden. Weil ihnen dies immer besser gelang, lernten sie. Als die Tiere dann schliefen, haben Forscher die Gehirne weiter beobachtet. Es waren genau jene Areale aktiv, die auch für das Lernen des Wegs vonnöten waren. Die Ratten durchliefen also vermutlich während des Schlafs den Weg zur Futterstelle, womit er sich noch besser einprägte.

Auch andere Versuche zum Lernen während des Schlafes sollten uns zu denken geben. Wahrscheinlich ist es so, dass emotional besonders starke Ereignisse im Schlaf – vermutlich durch die Wiederholung – stärker werden und sich verfestigen. Dies geschieht vor allem in der so genannten REM-Phase, in der wir träumen. Es kann auch geschehen, dass diese Ereignisse mit Emotionen angereichert werden. Wenn Menschen also abends „zur Entspannung" einen Krimi oder sogar einen Horror-Film sehen und am nächsten Morgen schlecht ausgeruht aufwachen, müssen sie sich nicht wundern. Unser Gehirn kann vermutlich nur schwer entscheiden, ob die gesehenen Bilder echt oder gespielt waren. Es gibt jedenfalls genügend Gründe, sich genau zu überlegen, was wir unserem Gehirn vor dem Schlaf anbieten.

Gutes Futter sind zum Beispiel Aufgaben, die wir im Wachzustand nicht oder nur unbefriedigend lösen. Unser Bewusstsein hält einfach zu viele Ja und Aber und Vielleicht parat, um eine neue und kreative Lösung zu finden. Kreativität – da sind sich die Forscher heute einig – ist die Fähigkeit, bereits Bestehendes zu etwas Neuem zusammenzufügen. Dies geht nicht, wenn unser Bewusstsein zu viel Schranken aufbaut oder schlicht und einfach überfordert ist. Im Schlaf, wenn sowohl Schranken als auch äußere Informationsquellen als Störenfriede entfallen, kann das Gehirn nach Lust und Laune mit den einzelnen Elementen jonglieren und ungewöhnliche Resultate präsentieren.

4.4 Fakten lernen

Es beginnt schon mit dem Einkaufen und endet noch nicht mit einer frei gehaltenen, aber vorbereiteten Rede. Wir müssen uns manchmal simple, manchmal gehaltvolle Fakten merken und scheitern dann schon vor dem Einkaufsregal. Das hat weder etwas mit Alzheimer, noch mit fehlenden Ressourcen, sondern fast immer mit einer fehlenden Technik zu tun. Die römischen Rhetoren bereiteten eine Rede vor, hielten sie dann aber frei. Sie merkten sich die Reihenfolge der Textelemente und Argumentationen mit Hilfe der Loci-Technik. Jeder einzelne Bestandteil wird hierbei bildlich mit einem Ort verbunden. Das kann zum Beispiel ein Zimmer oder ein Haus sein. Wenn der Redner dann in Gedanken durch das Haus geht, muss er jeden der gespeicherten Orte aufrufen und kann gar nicht anders, als sich an den gekoppelten Inhalt zu erinnern. Dieses Verfahren lässt sich bereits für den Einkaufszettel mit folgenden Schritten verwenden:

1. Route durch einen bekannten Raum / ein bekanntes Haus in Gedanken erstellen, wobei wichtig ist, dass die einzelnen Punkte logisch aufeinander folgen.
2. An den jeweiligen Haltepunkten besonders markante Gegenstände auswählen, die auch wirklich vorhanden sind und im Normalfall auch immer dort bleiben (Tür, Möbelstück…). Zugleich müssen sie ohne Anstrengung (Kopf verdrehen, nach oben sehen) in unser Blickfeld geraten.
3. Alle Haltepunkte nummerieren und die Reihenfolge als gegeben festlegen.

Wenn die Routenpunkte erst einmal festliegen, kann man sie in Gedanken mehrfach abschreiten. Die Route ist nun die Basis, um die zu lernenden Inhalte mit diesen zu verbinden. Die anschaulichen Verbindungen sollten ungewöhnlich sein, weil dies die Wahrscheinlichkeit erhöht, dass sie auch gespeichert werden. Hier ein Beispiel, wie die Haltepunkte mit der Einkaufsliste verbunden werden können:

Haltepunkt	Haltepunkt + Produkt
Schlüsselkasten im Eingangsbereich	Auf dem Kasten liegt ein Ei, das droht, herunterzufallen.
Kronleuchter	Am Kronleuchter hängt eine halb aufgerollte Rolle Toilettenpapier.
antiker Bücherschrank	Ein Affe schlägt mit einer Banane die Scheibe der Schranktür ein.
Gemälde	Ein großer Fleck Rotwein hat einen Teil des Bildes zerstört.
Fernseher	Ein Kasten Wasser davor verdeckt die Sicht.

Gerade weil eigentlich unmögliche Bilder am Haltepunkt zu „sehen" sind, kann man sie sich besonders gut einprägen, denn unser Gehirn wird immer bei ungewöhnlichen Sachverhalten besonders aufmerksam. Die Loci-Technik lässt sich auf viele Sachverhalte anwenden, den Einkaufszettel, den zu packenden Koffer, Witze, Argumentationsfolgen…. Auch die Routen sind vielfältig; sie sind nicht auf Räumlichkeiten beschränkt. So lässt sich auch der Körper als Ort verwenden, um vom Kopf, über den Hals, die Schultern… schlussendlich bei der Ferse zu landen. Natürlich funktioniert auch ein Ort, den es nur in der Phantasie gibt. Was auch immer man (und frau) als Ort im direkten oder übertragenen Sinne wählt, er muss zum Individuum passen.

4.5 Zahlen des Alltags speichern

Zahlen sind – besonders für Nicht-Mathematiker wie mich – ein Problem. Im Zeitalter überbordender Technik müssen wir uns aber immer mehr Zahlen merken. Um die meist wenig greifbaren Zahlenreihen für das Gehirn verständlich zu machen, ist die erste Möglichkeit, sie in Bilder zu „übersetzen". Dabei wird die Form der Zahl mit einem persönlichen Bild verbunden: Die Null kann ein Autoreifen sein oder ein Teller, die Eins eine Hakennase, die zwei ein Schwan, die drei eine halbe Brezel… Wenn man seine ganz persönlichen Bilder gefunden hat, ersetzen Bildgeschichten die Zahlenfolge. Das sind zwar mehr Informationen, sie sind aber hirngerecht aufbereitet. Hier ein Beispiel, das an zwei Stellen auch die phonetische Ähnlichkeit zweier Ziffern mit anderen Begriffen verwendet (6 = Sex, Brei = drei): Der Schneemann (8) blickt zur Sonne (0) und sagt zum vorbeiwatschelnden Schwan (2): Nie werde ich ein Segelboot (4) sehen, nie im Leben Sex (6) mit einer Schneefrau haben, denn morgen bin ich nur noch Brei (3).

Dieses System genügt zwar für kurze Zahlenreihen, führt aber zu ausfernden und krampfhaft bemühten Geschichten, wenn die Reihen länger werden. Der Gedächtniskünstler und Weltmeister Gunther Karsten verweist auf ein System, das bereits im 17. Jahrhundert entwickelt wurde. Viele Gedächtniskünstler verwenden dies, wenn es um Zahlen geht, denn in gewisser Weise erweitert es das zuerst genannte System. Jede Zahl von 0 bis 100 wird an ein Wort gebunden. Karsten gibt dazu folgende Regeln:

- Zuerst bekommen die Ziffern von 0 bis 9 einen Konsonanten (z.B. 0=z; 1=t...).
- Vokale können im Wort beliebig vorkommen.
- Worte sollen konkret und anschaulich, also nicht abstrakt sein.
- Substantive, die eindeutige Gegenstände zeigen, sind besser, weil man sie auch später in einer Geschichte miteinander vielfältig verbinden kann.
- Der Klang des Wortes, nicht die Schreibweise ist entscheidend.
- Die Worte müssen sich voneinander immer eindeutig und klar unterscheiden.

Mit Hilfe dieser Worte werden nun Zahlenreihen zu Wortreihen, woraus wiederum Geschichten entstehen. Die konkreten Gegenstände dieser Geschichten sind dann die Zahlen. Diese Geschichten sind meist völlig unreal, erfüllen aber ihren Zweck. Unser Gehirn will einerseits Bilder, andererseits sind Geschichten die Urform menschlicher Kommunikation. Wenn diese erzählenden Texte chronologisch aufgebaut sind, bleiben sie auch im Kopf. Hier ein kleines Beispiel:

38926487456829

38	92	64	87	45	68	29
Mond	Paket	Schuh	Fass	Rose	Schinken	Netz

Ich fliege zum Mond und trage ein Paket mit einem Schuh. Ich lande in einem Fass, direkt auf einer Rose. Weil ich hungrig bin, esse ich einen Schinken, der in einem Netz aufgebammelt ist…

Zusammenfassung

Das menschliche Gedächtnis ist keine Festplatte, auf der Inhalte exakt abgespeichert und abgerufen werden. Es speichert individuell, launisch und fehlerhaft. Im Gegensatz zu manch plausibel scheinenden Versprechen ist es nicht möglich, das Gedächtnis insgesamt zu trainieren, sondern nur jene „Gedächtnismuskeln", die auch tatsächlich immer wieder verwendet werden. Um trotzdem die Resultate zu verbessern, haben sich verschiedene Strategien als wirksam herausgestellt.

Fakten, Tatsachen und Zahlen kann man mit der so genannten Loci-Methode lernen. Dabei werden Fixpunkte mit dem zu lernenden Sachverhalt verbunden. Wenn man diese Fixpunkte nacheinander abschreitet, werden automatisch auch die daran gekoppelten Inhalte aufgerufen. Andere Methoden nutzen die Eigenschaft des Gehirns, Sachverhalte an Emotionen und Bilder zu koppeln. Wer sich im wahrsten Sinne des Wortes ein Bild macht, die Inhalte an chronologische Geschichten bindet, lernt einfacher. Hinzu kommt, dass unser Gehirn den individuell bedeutsamen Sachverhalten den Vorzug gibt. Inhalte sollten zugleich an bereits Bestehendes gekoppelt werden, in Hierarchien und Ordnungen eingebunden werden. Wer darüber hinaus kleine Häppchen lernt statt der großen Masse, verweigert dem Gehirn die Gelegenheit zu vergessen, denn es muss sich immer wieder mit den Dingen beschäftigen. Also: bildhaft, individuell, sinnvoll, mit kleinen Häppchen über den Tag verteilt.

5. Das weibliche und männliche Gehirn

Als der Herr Adam und Eva geschaffen hat und stolz auf sein Werk blickt, meint er: „Kinder, ich habe zwei Geschenke für euch. Das erste: Im Stehen pinkeln." Sofort reißt Adam seinen Arm hoch und schreit: „Ich, ich, ich." Voller Freude über das Geschenk pinkelt er an den Baum und probiert auch Muster in den Sand. Kopfschüttelnd verfolgen Gott und Eva dieses Schauspiel. Als Eva fragt: „Und, Herr, was habt Ihr noch?", antwortet der: „Gehirn, Eva, Gehirn."

Über nichts lässt sich so trefflich Witze machen und ganze Comedy-Veranstaltungen bestreiten wie über die Unterschiede zwischen Männchen und Weibchen. Dass diese jedoch vorhanden sind, wird keiner bestreiten. Ein Versuch mit Rhesusaffen hat zum Beispiel gezeigt, dass die kleinen Weibchen Puppen bevorzugen, die kleinen Männchen mechanisches Spielzeug. Kastrierte männliche Wachteln zeigten keinerlei Interesse an Weibchen; eine Injektion Testosteron ins Gehirn ließ sie sexuell munter werden. Kann man so etwas auf den Menschen übertragen? Jein. Wir sind geprägt durch genetische, biologische und vielfältige Umweltfaktoren. Sie alle beeinflussen unser individuelles Verhalten. Hier soll weder über Feminismus noch über Maskulinismus geredet werden. Es geht auch nicht um eine Wertung dieser Unterschiede, die letzten Endes nicht nur Unfug ist, sondern auch das Zusammenleben erschwert. Es geht einfach darum, das Gehirn des jeweils anderen Geschlechts besser zu verstehen. Das kann privat und beruflich von Vorteil sein, wenn wir – wieder einmal – nicht verstehen, warum der oder die andere so handelt. Wer sich seiner Besonderheiten und derer des anderen Geschlechts bewusst ist, kann selbstbewusst auftreten und den anderen so nehmen und behandeln, wie Mutter Natur sie und ihn geschaffen hat.

Andererseits gibt es viele individuelle Unterschiede zwischen den Menschen. Daraus folgt, dass die mehr dem weiblichen Gehirn zugesprochenen Tendenzen auch bei Männern vorhanden sein können – andersherum natürlich genauso. Das zeigt, wie groß die Bandbreite der Eigenschaften ist. Die hier aufgezeigten Besonderheiten von Weibchen und Männchen sind also als durchschnittlich und Tendenz zu verstehen. Wenn Männer einige der hier dargestellten Eigenschaften nicht aufweisen, wenn Frauen nicht wie beschrieben agieren, ist dies Beweis für die Individualität.

5.1 Frauen denken und fühlen anders

Das Gehirn des neuen Menschen im Leib der Mutter ist bis zum Ende der achten Woche weiblich. Wenn ein Junge heranwächst, dann sorgt eine Welle von Testosteron zu diesem Zeitpunkt dafür, dass die männlichen Merkmale ausgeprägt werden. Im Gegenzug baden die jungen Mädchen in Östrogen. Hinzu kommt, dass Mädchen bis zur Pubertät (und teilweise darüber hinaus) den Jungen in der Entwicklung voraus sind, dieser alltägliche Eindruck hat sich bestätigt.

Interessante Resultate ergaben sich, als man Mädchen beim Spielen beobachtet hat. Sie beschäftigen sich eher mit sozialen Spielen, in denen sie lernen, zwischenmenschliche Kontakte aufzubauen und miteinander aktiv zu werden. Die Betonung liegt hier auf miteinander. Darum vermeiden sie auch – offensichtliche – Konfrontationen, weil sie Bestätigung durch andere Menschen und deren Fürsorge benötigen. Das Mittel der Wahl, um dieses Ziel zu erreichen, ist Sprache. Früh lernen Mädchen, auch Zwischen- und Untertöne wahrzunehmen, die nicht unbedingt verbal, sondern auch nonverbal ausgedrückt werden können. Während des Spiels wechseln sie sehr häufig die Rollen, bis zu zwanzigmal mehr, als Jungen dies tun, was wahrscheinlich demselben Ziel dient. Allerdings ist es nicht so, dass Mädchen keine Macht erlangen oder ausüben wollen, um an ihr Ziel zu gelangen. Im Gegensatz zu den Jungen bedienen sie sich aber keiner offenen Machtspiele oder -kämpfe; sie haben feinere, subtile Methoden: Koalitionen eingehen, paktieren, schmollen, sich zurückziehen, Entzug von Sympathie… im Ernstfall auch schreien. Louann Brizendine nennt dies „Aggression mit rosa Weichzeichner" (Brizendine 2008: 57).

Bereits Mädchen reagieren anders als Jungen auf Schreie anderer Babys. Sie sind generell interessierter an Gesichtern und versuchen offenbar, in diesen zu lesen. Wenn die Mädchen erwachsen geworden sind, ahmen sie den Gesichtsausdruck des anderen Menschen, mit dem sie gerade kommunizieren, nach. Mehr noch: sie passen ihre Atmung unbewusst an. Das hat wahrscheinlich mehrere Gründe. Zum einen gelingt es dadurch besser, die Stimmung, in welcher der andere sich gerade befindet, selbst zu empfinden. Zum anderen sendet die Frau aber so auch das Zeichen: Ich höre Dir zu, ich verstehe Dich. Dass Frauen besser als Männer Gefühle wahrnehmen und deuten können, zeigt das Resultat einer Studie, wonach sie Traurigkeit im

Gesicht anderer Menschen zu neunzig Prozent wahrnehmen. Männern gelingt dies nur in vierzig Prozent der Fälle. Parallel zu diesen Tatsachen sind auch nackte Zahlen über Krankheiten zu sehen, bei denen Menschen nicht fähig sind, die Emotionen der anderen Menschen wahrzunehmen. Dazu gehört der autistische Formenkreis mit Asperger-Syndrom – diese Krankheiten kommen bei Jungen und Männern achtmal häufiger vor als bei Mädchen und Frauen.

Dieser Befund stimmt wiederum mit einer Eigenschaft überein, die für die meisten Männer auf ewig ein Rätsel bleiben wird. Frauen sind in der Lage, die Gefühle eines anderen Menschen aufgrund subtiler Zeichen schon dann zu erkennen, wenn dem anderen diese selbst noch gar nicht bewusst geworden sind. Forscher vermuten, dass Frauen mehr Spiegelneuronen besitzen, mit denen Primaten und wir Emotionen (und auch Wünsche) des anderen spiegeln und damit nachempfinden können. Zugleich empfinden Frauen auch die berühmten Bauchgefühle anders als Männer. Für sie sind Bauchgefühle nicht nur eine Metapher, sie empfinden Emotionen wirklich in dieser Gegend, und nach der Pubertät werden diese Gefühle sogar noch stärker. Besonders empfänglich sind weibliche Gehirne für Stress – und dies bereits im Mutterleib. Meine Vermutung: Auch das Bauchhirn ist bei Frauen stärker darauf ausgerichtet, Emotionen aufzuspüren.

Untersuchungen haben ebenfalls gezeigt, dass das emotionale Gedächtnis bei Frauen ausgeprägter ist. Sie behalten nicht nur Fakten und Ereignisse, sondern zusätzlich auch die dabei empfundenen Emotionen. Wenn aktuelle Ereignisse die Gefühle überschäumen lassen, suchen Frauen Kontakt, um die Gefühle anderen mitzuteilen; Männer verkriechen sich eher und wollen dies mit sich selbst ausmachen.

5.2 Männer denken und fühlen anders

Wenn Frauen berichten und erzählen, dann suchen sie im Gegenüber in erster Linie Signale, die darauf hindeuten, dass der Gesprächspartner zuhört, mitfühlt, nachvollzieht, versteht. Wenn Frauen dies mit Männern tun, haben sie manchmal das Gefühl, dass er abschweift, nicht zuhört, sich letzten Endes nicht für ihre Sorgen interessiert. Daraus resultieren oftmals Konflikte, die gar nicht erst entstehen müssten. Männer hören zu, ihr Gehirn schaltet aber relativ zeitig auf den Modus Problemlösen um. Weil sich Männer dabei auf eine Lösung konzentrieren, wandern die Blicke ab, was Frauen als Desinteresse deuten. Für die Neurobiologin Louann Brizendine ist das männliche Gehirn daher eine „kleine, feine Problemlösungsmaschine" (Brizendine 2010: 12), die man (frau) auch nach Möglichkeit so nutzen sollte.

Die Anfänge dieser Maschine entwickeln sich bereits bis zur achten Schwangerschaftswoche. Bis zu diesem Zeitpunkt sorgt das so genannte Anti-Müller-Hormon dafür, dass sich die Müller-Gänge nicht zu Scheidengewölbe, Gebärmutter und Eierstöcken weiterentwickeln, sondern sich zurückbilden. Im ersten Jahr nach der Geburt wird der Säugling von einer fast ebenso großen Menge Testosteron beeinflusst wie später als Erwachsener. Dieses Hormon sorgt für alle Attribute, die man den Männern im Allgemeinen nachsagt. Das führt zum Beispiel dazu, dass Jungen schwerer zu beruhigen sind als Mädchen und auch körperlich aggressiver reagieren.

Wenn Jungen miteinander spielen, dann üben sie gleichsam als Vorbereitung ihre Rollen spielerisch ein. Sie verfolgen das Ziel, eine Rangordnung festzulegen und diese auch zu festigen. Hierarchien gibt es in Mädchen-Gruppen auch, nur werden sie dort nicht so offen mittels kämpferischer Situationen hergestellt. Jungen raufen, zerstören, toben, kämpfen.

Interessant ist das Gefühlsleben der Männer, denn es unterscheidet sich in einigen Aspekten von jenem der Frauen. Bereits früh lernen Jungen, ihre Gefühle zu verbergen, um den anderen nicht so tief hineinblicken zu lassen in ihr Seelenleben. Dass dies evolutionär bedingt ist, kann man vermuten. Die Schaltkreise für Aggression und Wut sind bei Männern anders verdrahtet. Kerle unterdrücken diese Emotionen demnach nur ungenügend oder gar nicht und gehen schneller und explosiver aus sich heraus. Während der Pubertät wird dieses Verhalten noch durch Hormone angekurbelt, was erklärt, wieso es relativ viele prügelnde Jungs, aber nur wenige Mädchen gibt.

Wie bei Frauen auch hängt das Verhalten von Männern ebenfalls (natürlich nicht ausschließlich!) von den Hormonen ab. Wenn zum Beispiel in der beruflichen Hierarchie eine Stelle frei wird, die es zu besetzen gilt, verändert sich der Hormonhaushalt des

Mannes. Er produziert verstärkt Testosteron, Vasopressin und Cortisol, um sich auf den Angriff vorzubereiten. Auch wenn dieser nicht mehr, wie in archaischer Zeit, mit Speer oder Keule geführt wird, ist die Veränderung im Hormonhaushalt nachweisbar. Um die Wirkung der Hormone auf das Empfinden von Gefühlen nachzuweisen, hat man in einem Versuch Männern Oxytocin gegeben und Frauen Testosteron. Oxytocin steigert bei Männern das Einfühlungsvermögen, es baut Stress ab, senkt den Blutdruck und steigert die Bindung an Babys. Im Verlaufe des Versuchs zeigte sich, dass das jeweils andere Geschlecht sich für kurze Zeit in die Gefühlswelt des anderen hineinversetzen konnte.

Zuletzt eine kleine argumentative Hilfestellung: Wenn Männer nach dem Sex müde werden, liegt das auch am Oxytocin, welches jetzt im Blut kursiert. Interessanterweise heißt dieser Zustand Postkoitale Narkolepsie. Männer können also danach auch verbal punkten, bevor sie endgültig einschlafen.

6. Gehirne hegen und pflegen

6.1 Der Vielkönner Sport

Läufer berichten vom so genannten runner's high. Das ist ein Hochgefühl, welches sich nach einer bestimmten Distanz einstellt und in gewisser Weise süchtig macht – im positiven Sinn, weil ohne schädliche Nachwirkungen. Der Mensch ist nicht dafür gemacht, acht Stunden jeden Tag auf einem Bürostuhl zu sitzen. Sein gesamter Körper, und mit ihm auch das Gehirn, ist darauf geeicht, sich bis zu vierzig Kilometer pro Tag fortzubewegen. Im krassen Gegensatz dazu stehen Untersuchungen aus Industrienationen, die uns in dieser Hinsicht ein erbärmliches Armutszeugnis ausstellen. Wir bewegen uns durchschnittlich weniger als einen Kilometer pro Tag: Morgens aus dem Haus zum Auto, vom Auto ins Büro, vom Büro ins Auto, vom Auto ins Haus.

Dass sich Sport sehr positiv auf Körper, Herz und Kreislauf, auf die Muskelsysteme und die gesamte Fitness auswirkt, ist hinlänglich bekannt. Weniger bekannt ist, welche, im wahrsten Sinne tiefgreifenden Wirkungen die Bewegung auch auf unser Gehirn hat. In einem spannenden Versuch hat man Schüler während des Unterrichts auf Laufbänder gestellt – mit einem phänomenalen Resultat. Die Leistungen verbesserten sich im Schnitt um eine ganze Note, und Probleme mit der Disziplin gingen um mehr als die Hälfte zurück. Apropos: Das heute vielfach diagnostizierte Aufmerksamkeitsdefizitsyndrom, welches mit der pharmazeutischen Keule bekämpft wird, ist aus meiner Sicht vor allem auf fehlende Bewegung der Kinder zurückzuführen. Ein Spiel vor dem Computer ist halt nicht dasselbe wie Toben im Park.

Sport kann aber noch mehr. Mit ihm lässt sich langfristig Stress abbauen. Stress ist allerdings nichts Objektives, was demnach auch objektiv zu bekämpfen wäre. Stress ist die Summe individueller körperlicher und geistiger Reaktionen auf einen, meist von außen kommenden Stressor. Körperlich gesehen ist Stress die Abweichung von der so genannten Homöostase, einem inneren Gleichgewicht. Dieses lässt sich durch Sport wieder herstellen, denn durch körperliche Aktivität geben wir dem Körper das, was er evolutionsbiologisch dringend benötigt – Bewegung. Wenn dies geschieht, hellt sich die Stimmung wieder auf, was auf biochemischer Ebene nachzuweisen ist.

Wenn der Körper durch Sport stärker als im Ruhezustand gefordert wird, nimmt die Lunge zwangsweise mehr Sauerstoff auf. Dadurch wird nicht nur das Herz trainiert, auch die Neuronen im Gehirn arbeiten effizienter. Das ist möglich, weil mehr Gehirnbenzin, Glukose, bereitsteht, dies zu mehr Leistung führt. Es ist sogar nachgewiesen, dass neue Verbindungen zwischen den Gehirnzellen entstehen und bestehende gefestigt werden.

Ein anderer Bereich, der positiv beeinflusst wird, ist jener des Gedächtnisses. Wer sich sportlich betätigt, ist in der Lage, sich besser auf einen Sachverhalt zu konzentrieren, ihn ins Blickfeld zu nehmen und andere, meist unwichtige Dinge des Umfelds auszublenden. Zugleich wird ein Areal positiv beeinflusst, das entscheidend daran beteiligt ist, ob und wie wir Inhalte lernen und speichern – der Hippocampus. Einem Patienten wurde in den fünfziger Jahren des vorigen Jahrhunderts genau diese Gehirnregion entfernt, um dessen epileptische Anfälle zu beenden. Das klappte auch, aber die Folgen waren ebenso dramatisch. Er konnte sich nichts Neues mehr merken. Alles war neu, egal, wie oft er es wiederholte.

Eine letzte positive Folge des Sports rückt in letzter Zeit verstärkt in den Fokus und wird in den kommenden Jahren auch noch mehr Aufmerksamkeit gewinnen. Das Risiko, an Demenz zu erkranken, sinkt messbar. Weil zu den Risikofaktoren auch Depressionen, Übergewicht und Bluthochdruck zählen, wird klar, dass Ernährung und Bewegung an vielen Fronten zugleich Positives bewirken und ihre Wirkung parallel zueinander verstärken.

Die Frage lautet nun, wie und was man trainieren sollte. Zuerst einmal ist es wichtig, sich überhaupt zu bewegen und alle Möglichkeiten im Alltag auszunutzen. Rolltreppen und Aufzüge? Nicht für mich. Das Fahrrad im Keller sollte man aus seinem Dornröschenschlaf befreien und wieder verkehrssicher machen. Bereits zwanzig Minuten eines leichten Ausdauertrainings bringen spür- und messbare Erfolge. Viele begehen, gerade nach Weihnachten und Silvester, den Fehler, sofort in die Vollen zu gehen: Am 2. Juni Marathon, wäre ja gelacht! Die einzigen, die dann lachen, sind Ärzte und Physiotherapeuten. Langsam beginnen, langsam steigern, vor allem aber kontinuierlich laufen, Fahrrad fahren, schwimmen, Treppen steigen.

6.2 Die ideale Nahrung für beide Gehirne

Unsere Gehirne bestehen zu großen Teilen aus Fett, nicht dem aus der Fritteuse oder gar jenem aus der Margarine-Schachtel. Omega-3 und Omega-6 sind die wichtigsten Bestandteile. Nun hat sich aufgrund unserer industriell veränderten Nahrung auch das Verhältnis dieser Fette in der Nahrung weit zugunsten von Omega-6 verschoben. Es kommt also darauf an, Omega-3 zuzuführen, zumal der Körper es nicht selbst produzieren kann.

Einige Evolutionsbiologen glauben, dass unser Gehirn sich – evolutionsbiologisch betrachtet – deshalb so rasant entwickelt hat, weil unsere Vorfahren in der Nähe großer Seen in Afrika lebten und durch den Fisch dieses Fett zu sich nahmen. Ob dies nun stimmt oder nicht, ist für uns nicht so wichtig. Bedeutender ist hingegen, dass Omega-3 vielfach positive Auswirkungen besitzt. Es hilft erst einmal, das Gehirn überhaupt zu entwickeln. Aber auch Erwachsene profitieren. Omega-3 verbessert die Durchblutung, es wirkt sich dadurch günstig auf den Blutdruck aus, vermindert die Risiken für einen Herzinfarkt und rheumatische Beschwerden und – dies ist für die meisten Gehirnfunktionen wichtig – erhöht die Plastizität der Synapsen. Wenn diese essentielle Fettsäure in früher Kindheit maßgeblich daran beteiligt ist, das Gehirn überhaupt optimal aufzubauen, dann hilft sie alten Menschen, sich vor Demenz und Alzheimer zu schützen. Die Ablagerung der so genannten Plaques wird verhindert, zugleich werden die chemischen Botenstoffe Serotonin, Dopamin und Noradrenalin bereitgestellt. Und die sind für das Glücksempfinden verantwortlich.

Andere Stoffe, die nachweislich die Leistung des Gehirns optimieren, sind die so genannten Flavonoide, sekundäre Pflanzenstoffe. Sie sind in Überfülle in Beeren, vor allem Heidelbeeren enthalten. Aber auch andere Beeren, Trauben und Äpfel sind nicht nur gut für den Körper, sie bringen das Gehirn auf Trab und helfen so doppelt.

Dies alles ist schön und gut, nur sieht die Ernährung in unserer industrialisierten Gesellschaft ganz anders aus. Selbst wer auf fast food („fast Essen") verzichtet, muss eine Menge tun, um an die notwendigen Mikronährstoffe und Vitamine heranzukommen. Da ist es umso verwunderlicher, dass einige Ärzte auf Nahrungsergänzungsmittel (auf biologischer Basis) verzichten und stattdessen lieber den Segnungen der

Pharma-Industrie vertrauen, dabei sprechen die Beipackzettel eine deutliche Sprache. Vitamine, Mineralien und andere lebensnotwendige Stoffe, die in unserer Nahrung schlichtweg nicht mehr oder nur noch in geringem Maße vorhanden sind, müssen zugeführt werden. Nebenwirkungen sind nicht bekannt. Das immer wieder vorgebrachte Argument, dass sie bei einem Zuviel des Guten nutzlos wieder ausgeschieden werden, bezieht sich vor allem auf synthetisch hergestellte. Diese können auch kaum wirken, weil es gerade die vielfachen und noch weitgehend unerforschten Wechselwirkungen zwischen den Stoffen sind, welche die Wirkung des einzelnen erst ermöglichen oder sogar potenzieren. Hinzu kommt ein anderer Fakt, der uns zu denken geben sollte. Stoffe, die wir mit der Nahrung (und mit guten ergänzenden Mitteln) zu uns nehmen, sind solche, aus denen unser Organismus besteht, weil er ja Teil der Natur ist. Pharmazeutika hingegen sind künstlich.

6.3 Meditieren weckt ungeahnte Kräfte

Viele denken an Mönche oder Nonnen, andere an Religionen oder Esoterik. Richtig ist, dass Meditation seinen Ursprung in Religionen hat, die weniger auf das Jenseits als auf das Diesseits ausgerichtet sind und den lebenden Menschen ins Zentrum stellen. Was Meditation genau ist, ist heute noch umstritten, weil es viele Übungen, Techniken, Methoden gibt, die sich nur schwer unter einen Hut bringen lassen. Fest steht, dass sich Menschen mittels bestimmter Techniken gezielt in einen Bewusstseinszustand bringen können, der Besonderheiten aufweist. Weil wir wissen, wie wenig unser Bewusstsein zum gesamten Prozess der Gehirntätigkeit beiträgt, wird dies umso wichtiger. Meditation wird heute bereits in Kliniken angewandt, um psychische und körperliche Krankheiten zu behandeln bzw. deren Verlauf günstig zu beeinflussen. Was aber geschieht nun im Gehirn, und welche Einflüsse sind konkret nachgewiesen?

Meditierende bringen offenbar ihr Gehirn in einen positiven Modus, den sie selbst mit Worten wie Erfüllung, Zufriedenheit, Freude beschreiben. Nachgewiesen ist, dass in der ersten Phase des Meditierens die so genannten Alpha-Wellen im Gehirn größer werden. Diese sind typisch für einen wachen, aber zugleich entspannten Zustand. Sie haben eine Frequenz von 14 bis 8 Hz und sind typisch für Zustände der Entspannung und für Tagträumereien. Dies ist wahrscheinlich der Grund, warum Meditation auch zu den Entspannungstechniken gezählt wird. Das ist aber nur ein Teil der Leistungen.

In tiefer Meditation kommt es zum gegenteiligen Effekt. Menschen können sich besonders gut konzentrieren, auf einen Sachverhalt fokussieren und sind dabei äußerst wach. Tiefe Meditation ist also – entgegen der landläufigen Meinung – das Gegenteil von Schlaf und absoluter Ruhe. Meditierende können sich auf ihre eigenen Gedanken und Emotionen konzentrieren. Zugleich nehmen sie die Realität anders wahr, was dazu führen kann, diese zu relativieren. Daraus wiederum folgt, dass Meditierende weniger anfällig für affektvolle Handlungen sind und Stress bereits in den Anfangsphasen wirksam bekämpfen können. Ein Versuch mit einem in Meditation sehr erfahrenen tibetischen Mönch hat zum Beispiel Gamma-Wellen gezeigt, die dreißigmal so stark waren wie bei normalen, nicht meditierenden Menschen. Diese Wellen werden mit hoher Konzentration, kognitiven Spitzenleistungen, starker Fokussierung und Lernprozessen in Verbindung gebracht.

Weil das Gehirn mit anderen Organen kooperiert, haben sich auch positive Wirkungen über das Gehirn hinaus gezeigt. Meditierende können die Frequenz ihrer Atmung und den Herzschlag regulieren, was in bestimmten Situationen ein nicht zu unterschätzender Vorteil ist. Sie üben sich in Gleichmut, wenn andere vor Wut aus der Haut fahren, und gehen so schonend mit ihrem eigenen Körper um. Meditation kann demnach stressbedingten Krankheiten vorbeugen und Ängstlichkeit reduzieren. Zugleich nehmen Mitgefühl und Selbstfürsorge zu.

Eine positive Folge davon wiederum ist, dass das Selbstvertrauen gestärkt wird, was sich auch auf die Menschen in der Umgebung auswirkt. Meditierende nehmen zudem ihre eigenen Emotionen klarer wahr und können sie regulieren – was ein zentraler Aspekt von Meditation generell ist. Vor allem negative Emotionen, die bei anderen Menschen oft ein Verhalten auslösen, das man nach dem Ausbruch gern ungeschehen machen möchte, lassen sich so vermeiden. Dies sind also mehr als genug Möglichkeiten, sich langfristig auch mit einer oder mehreren Meditations-Techniken zu beschäftigen. Welche dies ist, hängt letzten Endes von den Möglichkeiten und Vorlieben ab. Wer mehrere probiert, wird leicht die passende herausfinden.

6.4 Pflege im Schlaf

Die deutsche Staatssicherheit, der sowjetische KGB, die US-Navy auf Guantanamo und Militärregierungen in Asien wissen um die Bedeutung des Schlafes. Zwingt man Menschen, ständig wach zu bleiben, reagieren Körper und Psyche. Menschen halluzinieren, sie bekommen Kopfschmerzen, werden depressiv, zeigen Symptome wie bei einer Psychose oder ADHS. Man muss aber nicht erst unter die Fuchtel folternder Geheimdienste oder Soldaten gelangen; ein nicht ausreichender oder nicht tief genug wirkender Schlaf hat bereits fatale Folgen. Ein Teil des Gehirns, der für emotionale Bewertungen und ebensolche Vorgänge verantwortlich ist, die Amygdala, verändert sich. In der Folge reagieren Menschen auf emotionale Bilder überzogen, sie sind niedergeschlagen oder ängstlich.

Ein gesunder Schlaf hingegen wirkt wahre Wunder fürs Gehirn. Wahrscheinlich werden die Reservekanister des Gehirnbrennstoffs und der Botenstoffe wieder aufgefüllt. Zugleich festigen sich Lerninhalte, und die am Tage benötigten motorischen Fähigkeiten verbessern sich. Wie aber ist es heute möglich, gesund und vor allem ausreichend zu schlafen?

Die Ratschläge sind allesamt nicht neu, werden aber oft nicht beherzigt. Regelmäßig ins Bett gehen ist schon die erste Forderung, die nicht immer leicht einzuhalten ist. Es geht natürlich nicht darum, nach der Stoppuhr einzuschlafen, das funktioniert auch nicht. Regelmäßigkeit meint eine generelle Tendenz. Weil es unterschiedliche Schlaftypen gibt, und Schlafforscher Menschen grob in Eulen und Lerchen einteilen, muss jeder selbst entscheiden, wann die Zeit gekommen ist. Dazu gehört unbedingt, den Körper schon einige Zeit vorher auf den Schlaf vorzubereiten. Laufen um den Block oder eine Fernsehsendung putschen auf, sind demnach kontraproduktiv. Auch Schlafmittel bringen nur wenig, denn der als REM-Phase bekannte wichtige Abschnitt wird dadurch oft nicht erreicht oder gelingt nur oberflächlich. Wozu er dient, ist noch nicht ganz klar. Man vermutet, dass hier das Tagesgeschehen verarbeitet, gespeichert und umsortiert wird. Menschen, denen diese Phase fehlt, haben am Tag danach größere Probleme, komplexe Aufgaben zu erledigen, was für die meisten von uns jedoch tägliches Brot ist.

7. Epilog

Unser Gehirn besteht aus einhundert Milliarden Nervenzellen. Jede von ihnen ist über Synapsen mit zehntausend anderen verbunden. Jetzt lässt sich leise erahnen, warum es so überaus flexibel ist und sich im Laufe eines hoffentlich langen Lebens anpassen kann. Unsere genetische Ausstattung, Kindheit, Jugend, alle Lebensphasen, die äußeren Bedingungen und unser Lebensstil formen es. Im Gegensatz zu den anderen Tieren sind wir nicht mehr ausschließlich an Triebe und Reflexe gebunden. Wir haben bewusstes Denken entwickelt, auch wenn es gegenüber dem System EINS minimal ist. Ab einem bestimmten Alter hat jeder Mensch also sein Leben selbst in der Hand. Es ist zwar auch an äußere Gegebenheiten gekoppelt – aber wir sind diesen nicht schutzlos ausgeliefert. Diese Erkenntnis hat sich in den letzten Jahren auch durch die Möglichkeiten des Computers immer weiter gefestigt.

Mit seiner Hilfe konnten die Wissenschaften auch anderswo in völlig neue Dimensionen vorstoßen. Neben Neurologie und Psychologie haben so zum Beispiel Sprachwissenschaft und andere Sozialwissenschaften einen immensen Schub erhalten. Eine Folge ist, dass heute die Zahl der Veröffentlichungen zum Thema Gehirn fast täglich ansteigt – selbst Spezialisten einzelner Teilbereiche können da den Überblick verlieren. Zugleich gibt es die vormals tiefen und teils unüberwindbaren Gräben zwischen einzelnen Disziplinen kaum noch, so dass Wissenschaftler verschiedener Bereiche kooperieren und auch neue Teilbereiche entstehen. So arbeiten Neurologen mittlerweile mit Physikern, Chemikern, Soziologen, Psychologen und sogar Philosophen zusammen, weil wichtige Fragen aus einem Fachbereich heraus offenbar nicht mehr beantwortet werden können.

Weil das Thema Gehirn in den letzten zwanzig Jahren aus der Wissenschaftsecke in die allgemeine Diskussion geholt wurde, bleiben allerdings auch Fehlinterpretationen oder Gerüchte nicht aus, die sich mittlerweile zu Mythen weiterentwickelt haben. Dass sich zum Beispiel die Fähigkeiten des Gehirns nicht allgemein verbessern, wenn man nur einzelne Bereiche trainiert, wurde bereits gesagt. Ein anderer Mythos bezieht sich auf den immer wieder vorgebrachten Vergleich mit dem Computer. Auch wenn Vergleiche generell der Veranschaulichung dienen – dieser hinkt gewaltig und ist letzten

Endes falsch. Ein dritter Irrtum bezieht sich auf die Leistungen der Bild gebenden Verfahren. Nein, mit ihnen kann man keine Gedanken lesen, sondern lediglich beobachten, welche Areale bei welcher Tätigkeit besonders aktiv sind. Auch bringt es wenig, werdende Mütter jeden Tag mit Mozart zu beschallen, damit sie ein Wunderkind zur Welt bringen.

Bei allen Veröffentlichungen geht es zuerst einmal darum, sie nüchtern und vor dem Hintergrund bisher gesicherter Erkenntnisse zu betrachten. Wissenschaftler weltweit können nämlich schon lange nicht mehr gelassen in ihren Labors forschen. Sie stehen unter einem immens hohen Druck, immer wieder neue Resultate zu bringen und diese auch in – möglichst angesehenen Zeitschriften – zu veröffentlichen. Zugleich müssen sie sich um Forschungsgelder selbst bemühen. Dass daraus auch manch voreilige Schlüsse gezogen und zu schnell publiziert werden, ist verständlich und menschlich. Gehirnforscher haben eben auch nur ein menschliches Gehirn mit all den Schwächen und Fehlern…

Für Nicht-Neurologen geht es darum, die Erkenntnisse in den Alltag zu integrieren, wenn sie nützlich sind. So ist es in den meisten Fällen unerheblich zu wissen, wie genau etwas in unseren Gehirnen funktioniert – für uns steht der praktische Nutzen im Vordergrund. Dafür empfehle ich einschlägige Zeitschriften, welche aus der Sprache der Wissenschaft übersetzen und in vielen Fällen auch gleich Möglichkeiten mitliefern, wie man diese Erkenntnisse anwenden kann.

Auf der anderen Seite steht das große Mysterium Mensch, das auch nach Jahrhunderten der Forschung noch immer ein großes Rätsel ist. Wir können diesen Fakt bedauern oder uns darüber freuen. Wenn alles ausgeforscht, alles ausdiskutiert, alles ergründet wäre, gingen vielleicht der Spaß am Leben und die Freude am Unbekannten verloren. Und das wird ja wohl niemand ernsthaft wollen.

8. Literatur

- Altabet, Cory: E-Health report #9 Why synthetic multi-vitamins don't work. In: meadvillechiropractor.com/synthethic-vitamins
- Ariely, Dan: Denken hilft zwar, nützt aber nichts. München 2010
- Beliveau, Richard / Denis Gingras: Krebszellen mögen keine Himbeeren. München 2010
- Blech, Jörg: Gene sind kein Schicksal. Wie wir unsere Erbanlagen und unser Leben steuern können. Frankfurt/Main 2010
- Born, Jan / Kraft, Ulrich: Lernen im Schlaf – kein Traum. In: Spektrum der Wissenschaft 11/2004. Heidelberg 2011: 44-51
- Brizendine, Louann: Das weibliche Gehirn. Hamburg 2007
- Brizendine, Louann: Das männliche Gehirn. Hamburg 2010
- Brown, Jeff / Fenske, Mark: So denken Gewinner. München 2011
- Chabris, Christopher / Simons, Daniel: Der unsichtbare Gorilla. Wie unser Gehirn sich täuschen lässt. München 2011
- Csikszentmihalyi, Mihaly: Flow. Stuttgart 1992
- Delouvée, Sylvain: Warum verhalten wir uns manchmal merkwürdig und unlogisch? Heidelberg 2013
- Diekelmann, Susanne / Wagner, Ullrich: Nachtschicht fürs Gedächtnis. In: Gehirn und Geist 3/2012. Heidelberg 2012: 28-33
- Dutton, Kevin: Gehirnflüsterer. München 2011
- Dweck, Carol: Selbstbild: Wie unser Denken Erfolge oder Niederlagen bewirkt. München 2009
- Eibl-Eibesfeldt, Irenäus: Die Biologie des menschlichen Verhaltens. München 2004

- Ekman, Paul: Gefühle lesen. Heidelberg 2011
- Gegenfurtner, Karl R.: Gehirn und Wahrnehmung. Frankfurt/Main 2011
- Gigerenzer, Gerd: Bauchentscheidungen. München 2008
- Grabowski, Joachim (Hrsg.): Atkinsons und Hilgards Einführung in die Psycholgie. 14. erw. Aufl. Heidelberg 2007
- Hansch, Dietmar: Erfolgsprinzip Persönlichkeit. Heidelberg 2009
- Harf, Rainer / Paetsch, Martin / Witte, Sebastian: Die verborgene Macht in uns. In: Geo kompakt Nr. 32. Hamburg 2012: 86-99
- Hennig, Alexander / Schneider, Willy: Zur Kasse, Schnäppchen! Warum wir immer mehr kaufen, als wir wollen. München 2010
- Illing, Robert-Benjamin: Vom Loch im Kopf zum Neuron. In: Gehirn und Geist, 2/2010. Heidelberg 2010: 6-15
- Kahneman, Daniel: Schnelles Denken, langsames Denken. München 2012
- Kaluza, Gert: Stressbewältigung. Heidelberg 2011
- Karsten, Gunther: Erfolgs-Gedächtnis. Wie Sie sich Zahlen, Namen, Fakten, Vokabeln einfach besser merken. München 2004
- Kirchler, Erich / Walenta, Christa: Motivation. Wien 2010
- Kirschner, Sebastian: Die Anatomie des Lernens. In: Max Planck Forschung 1/2013. Berlin 2013: 36-41
- Kleinschroth, Robert: Sprachen lernen. Reinbek 2007
- Luczak, Hania: Die Macht, die uns lenkt. In: GEO kompakt Nr. 15. Hamburg 2005: 103-115
- Marcus, Gary: Murks. Der planlose Bau des menschlichen Gehirns. Hamburg 2009
- Moser, Gabriele: Aus der Mitte des Körpers. In: Gehirn und Geist, 4/2012. Heidelberg 2012: 50-55

- Reinberger, Stefanie: Stimmungsmacher im Bauch. In: Gehirn und Geist, 5/2012. Heidelberg 2012: 34-37
- Robertson, Ian: Macht. Wie Erfolge uns verändern. München 2013
- Rost, Wolfgang: Emotionen. Heidelberg 2001
- Rösch, Harald: Das Gedächtnis hinterlässt Spuren. In: Max Planck Forschung 1/2013. Berlin 2013: 20-26
- Rothermund, Klaus / Eder, Andreas: Motivation und Emotion. Wiesbaden 2001
- Runow, Klaus-Dietrich: Der Darm denkt mit. München 2011
- Seligman, Martin: Pessimisten küsst man nicht. Optimismus kann man lernen. München 2011
- Servan-Schreiber, David: Die neue Medizin der Emotionen. München 2006
- Spitzer, Manfred: Das (un)soziale Gehirn. Wie wir imitieren, kommunizieren und korrumpieren. Stuttgart 2013
- Squire, Larry R. / Kandel, Eric R.: Gedächtnis. Die Natur des Erinnerns. Heidelberg 2009
- Tucholsky, Kurt: Schnipsel. Reinbek 1989
- Vaniet, Emmanuelle: Dem Schrecken ein Ende. In: Gehirn und Geist 3/2012. Heidelberg 2012: 34-37
- Waal, Frans de: Der Affe in uns. Hamburg 2006
- Wassmann, Claudia: Die Macht der Emotionen. Wie Gefühle unser Denken und Handeln beeinflussen. Darmstadt 2010
- Weiß, Bertram: Die Kraft des Unbewussten. In: Geo kompakt, Nr. 30/12. Hamburg 2012: 33-34
- Wenzel, Petra: Schlau gelaunt. Bad Steben 2011
- Witte, Felicitas: Baustelle im Kopf: In: Max Planck Forschung 1/2013. Berlin 2013: 28-34

- Witte, Sebastian: Wozu Gefühle? In: Geo kompakt, Nr. 32/12. Hamburg 2012: 124-140

- Wolf, Christian: Flüchtige Erinnerung. In: Gehirn und Geist. 2/2010: Heidelberg 2010: 80-86

- Zimbardo, Philip G.: Psychologie. Augsburg 1995

- Zimbardo, Philip G.: Der Luzifer-Effekt. Die Macht der Umstände und die Psychologie des Bösen. Heidelberg 2012

9. Weitere Bücher des Autors

Die Reihe „Erfolgreich…" hält noch mehr Bücher bereit. Alle beruhen auf neuen wissenschaftlichen Erkenntnissen aus den Bereichen Psychologie, Neurologie, Linguistik und Rhetorik. Sie sind für Praktiker geschrieben, die – jenseits von wohlfeilen Ratschlägen – fundiertes Wissen suchen, das leicht in der Praxis umzusetzen ist. Darüber hinaus enthalten sie Beispiele, welche die Erkenntnisse der Forscher belegen. Alle Bücher sind bei einschlägigen Online-Versendern und im Buchhandel in gedruckter Form oder als E-Books erhältlich.

Der Autor gibt dieses Wissen zugleich in Seminaren, Workshops und Vorträgen weiter. Diese sind methodisch leicht verständlich aufbereitet, um die eigene Arbeit der Teilnehmer so effektiv wie möglich zu gestalten. Informationen dazu finden Sie im Internet.

Erfolgreich erfolgreich werden. Wissenschaftliche Strategien für jeden. Norderstedt 2013

Erfolgreiche und glückliche Menschen denken anders, handeln anders, motivieren sich anders. Dies haben Psychologen und Neurologen in den letzten Jahrzehnten erkannt. Zugleich wurde klar, dass einige wohlfeile Vorstellungen von erfolgreichen Menschen gar nicht stimmen. Erfolg hat weniger mit Zufall als mit dem richtigen Wissen zu tun. Wer es besitzt und anwendet, hat bereits den ersten Schritt getan – auf dem Weg zu einem erfolgreichen und glücklichen Leben.

Erfolgreich zur Marke Ich. Aus der dritten in die erste Reihe. Norderstedt 2013

Menschen lieben Marken. Wer sich selbst zu einer entwickelt und alle Vorteile nutzt, die eine starke Markenpersönlichkeit so anziehend macht, ist den vielen No-Names um mehr als eine Nasenlänge voraus. Marken können sich teurer verkaufen, langfristig ihre einzigartige Position sichern und viel ruhiger in die Zukunft blicken. Viele Mittel und Wege erfolgreichen Selbstmarketings sind zudem preiswert oder sogar kostenfrei zu haben. Das hat nichts mit Selbstdarstellung, sondern mehr mit Positionierung und der richtigen Kommunikation zu tun. Das Buch beleuchtet wichtige und preiswerte bis kostenfreie Mittel, um aus der Nische zu kommen. Es versteht sich als Werkzeug, um aus der dritten in die erste Reihe zu gelangen.

Erfolgreich Menschen führen. Das Beste aus siebzig Jahren Forschung. Norderstedt 2013

Wie kann man effektiv Menschen führen, Vertrauen aufbauen, plausibel überzeugen, nachhaltig motivieren und selbst zu einer charismatischen Persönlichkeit werden? Wie lässt sich ein erfolgreiches Team bilden, das hochmotiviert und ohne Druck von außen arbeitet? Warum funktioniert Manipulation nicht? Und welche tiefe Verbindung besteht zu unseren tierischen Verwandten? Antworten auf diese Fragen liefert das Buch auf der Basis sozialpsychologischer Forschung aus mehr als sieben Jahrzehnten.

Erfolgreich Texte schreiben. Wissenschaftlich fundiert und praxiserprobt. Norderstedt 2013

Texte sind im Idealfall Alleskönner – einzigartig und leicht lesbar, Botschafter des Absenders, Herzenswärmer und punktgenaue Kommunikatoren. All diese Eigenschaften können Texte aber nur dann erfüllen, wenn sie jenseits der Massenware geschrieben sind. Dieses Buch zeigt, wie es geht. Es verbindet neue Erkenntnisse aus verschiedenen Wissenschaftsbereichen mit umfangreichen Erfahrungen aus zwei Jahrzehnten Schreibpraxis eines Texters, Ghostwriters und Autors. Zugleich beleuchtet es kritisch wohlfeile Ratschläge und scheinbare Gesetze der Kommunikations- und Rhetorik-Branche.

Erfolgreich Worte zu Geld machen. Kommunizieren im Network-Marketing. Norderstedt 2013

Empfehlungs-Marketing bedeutet vor allem, überzeugend zu kommunizieren. Erfolgreiche wissen, wie sie die richtigen Fragen stellen, kleine und große Gespräche optimal führen, vor Publikum präsentieren und überzeugend argumentieren. Sie kennen die geheimen Kräfte in Gruppen, wissen um die Macht der richtigen Worte und nutzen viele stumme Helfer. Wer in diesem Geschäft erfolgreich werden will, kann jetzt all dieses Wissen für sich nutzen. Es ist nicht geheim, sondern wissenschaftlich gesichert.